¡Ssssssh hhhhhhhhhh!

Haz del teatro algo íntimo

Llévalo siempre en el bolsillo

Cubierta y diseño editorial: Éride, Diseño Gráfico
Dirección editorial: ángel jiménez
Coordinación de la colección: Javier Llanos

Primera edición: junio, 2024

la dulce Cásina
© José Luis Alonso de Santos
© VdB®, 2024
Espronceda, 5
28003 Madrid

VdB®

ISBN: 978-84-19850-63-8
Depósito Legal: M-15946-2024
Diseño y preimpresión: Éride, Diseño Gráfico

Este libro protege el entorno

la dulce Cásina

versión libre sobre texto de Plauto

Esta obra se representó dentro de la programación de la 41a edición del Festival Internacional de Teatro Clásico de Mérida.

Dirección: Espectáculos Ibéricos.

José L. Alonso de Santos

Licenciado en Filosofía y Letras por la Universidad Complutense y en la Facultad de Ciencias de la Información es uno de los autores más representativos del teatro español contemporáneo. Destacan por su éxito *Bajarse al moro, La estanquera de Vallecas* y *Salvajes* (llevadas al cine), *Pares y Nines, El álbum familiar, La sombra del Tenorio, Yonquis y yanquis, Trampa para pájaros, Un hombre de suerte, La cena de los generales, Cuadros de amor y humor al fresco, La comedia de Carla y Luisa* y *¡¡¡Es la guerra!!* (estas dos últimas publicada en esta misma editorial)... La crítica elogia su capacidad para conectar con el espectador a través del uso de un lenguaje aparentemente espontáneo, pero fruto de una cuidadosa reelaboración que sintetiza el lenguaje hablado y el escrito.

Ha sido catedrático de Escritura Dramática, director de la Real Escuela Superior de Arte Dramático de Madrid, y de la Compañía Nacional de Teatro Clásico y Primer Presidente de la Academia de las Artes Escénicas de España. Ha publicado libros de investigación teatral (*La Escritura dramática*, y *Manual de Teoría y Práctica Teatral*, Ed. Castalia), y ha sido galardonado con premios como: Nacional de Teatro, Ciudad de Valladolid, Tirso de Molina, Mayte, Autores contemporáneos de Alicante, Max, Medalla de oro de las Letras de Castilla y León, Premio Nacional de las Letras Teresa de Ávila, etc.

Ha dirigido más de cuarenta obras teatrales de autores como Bertolt Brecht, Aristófanes, Synge, Calderón de la Barca, Pío Baroja, Valle Inclán, Plauto, Shakespeare, Carlos Arniches, etc., así como varios de sus propios textos.

JOSÉ LUIS ALONSO DE SANTOS

la dulce Cásina

Recreación de la obra del mismo título
de PLAUTO

Esta función se estrenó en el Teatro Romano de Mérida
el 26 de julio de 1995, interpretada por
Rafael Álvarez «El Brujo» (LISÍDAMO), María José Norte (CÁSINA),
Alfonso Asenjo (CALINO), Berta Labarga (CLEÓSTRATA),
Jesús Fuente (OLIMPIÓN), Fernando Chinarro (ALCÉSIMO),
Andoni Gracia (EUTINICO), Laura Carenas (PARDALISCA),
Marisa Porcel (MÍRRINA) y Antonio Requena (Papapoulus -COCINERO-).

Músicos: Marisa Moro, Kevin Robb, Fernando Marcon y Juan F. Villarino.

Dirección: José Luis Alonso de Santos

Personajes

PLAUTO-LISÍDAMO	Viejo verde, ridículo y gracioso.
CLEÓSTRATA	Mujer de Lisídamo; malhumorada y dominante.
EUTINICO	Hijo de Lisídamo; joven enamorado y bobalicón.
CALINO	Esclavo del hijo de Lisídamo; astuto y gracioso.
OLIMPIÓN	Esclavo de Lisídamo; simple y servil.
PARDALISCA	Esclava de Cleóstrata; astuta y enredadora.
CÁSINA	Esclava danzarina, joven y guapa.
ALCÉSIMO	Vecino de Lisídamo; viejo de aspecto respetable.
MÍRRINA	Mujer de Alcésimo; despistada y cariñosa.
PAPAPOULUS	COCINERO griego extravagante.

VENDEDORES
OTROS ESCLAVOS
MÚSICOS
GENTE DEL PUEBLO.

Prólogo

Ciudad romana del Mediterráneo en el siglo I a.c. *al fondo, a izquierda y derecha, las casas de* ALCÉSIMO *y* LISÍDAMO. *Jardín con arcos a la derecha y puestos de venta a la izquierda.*

Plaza en un día de mercado: mercaderes, ceramistas, compradores, mendigos, soldados y vecinos van de un puesto a otro comprando telas, alimentos y cántaros. Pasa un pastor con su ganado, se pelean unos niños sobre unos montones de paja y un vendedor persigue a un ladrón que le ha robado unos collares de lapislázuli.

Se oye a lo lejos el ruido de una fanfarria popular y, por una de las callejas que dan a la plaza, llegan unos músicos con flautas, panderos, cascabeles y liras. Bailando, al ritmo de sus músicas, viene la dulce CÁSINA. *Al llegar al centro de la plaza se detienen, y la danzarina se contonea y cimbrea ante los extasiados ojos de los hombres del lugar. Al terminar de bailar,* CÁSINA *se mete en la casa de* LISÍDAMO *y el gentío se dispersa. Los músicos se quedan en escena, colocados en el lugar de la orquesta.*

Una luz mágica inunda la escena y aparece, al fondo, en lo alto de un templete, una figura vestida con ropa blanca e inmaculada que le da un aspecto fantasmal. Trae sobre la frente una corona de laurel.

PLAUTO   ¡Os saludo, distinguidos espectadores que en tan alta estima tentéis a la fiesta del teatro! Me presentaré para que me conozcáis: mi nombre es Titus Maccius Plautus: Plauto, y he estado ya muchas otras veces con vosotros cuando habéis representado mis humildes obras cómicas. Y digo humildes porque comparadas con las de los grandes trágico son solo entretenimiento para el espíritu. Pero no os oculto que me siento orgulloso de ellas pues han hecho disfrutar a miles de mortales en distintos lugares del planeta a lo largo de estos siglos. La otra que hoy vais a ver es estreno en este lugar: la Cásina, a la que el autor de esta versión ha llamado con acierto *La dulce Cásina*, debido a los altos y merecidos atributos que tiene su protagonista. Se ha representado pocas veces esta obra mía, y eso que es de mis favoritas. Aún recuerdo el gran éxito que tuvo entre mis paisanos romanos, hace más de veintidós siglos. Pero es que en aquella época los hombres no se escandalizaban por ver enredos amorosos sobre la escena o por escuchar en ella palabras que se dicen todos los días en los mercados. No pasó lo mismo con censores de siglos posteriores que entraron a saco en mis obras y tacharon cuantas palabras les parecieron inmorales y obscenas. Algunas de ellas se han salvado y otras han sido reconstruidas por el autor de esta versión con mi permiso, ya que es antiguo amigo mío, y se ha dado a la reparación del maltrato material con tanto amor como desenfado y libertad, que es lo mismo que yo hacía con los originales griegos que servían de base a mis espectáculos.

En la obra de hoy representaré un papel, pues una de mis mayores aficiones es la de actor, mayor aún si cabe que la de imaginar y componer historias para la escena, pues no hay mejor placer para el espíritu que el de encarnar cuerpos ajenos. Y yo soy un espíritu, si no, no estaría hoy aquí ante ustedes, y como soy un «clásico» pues soy un «espíritu clásico». Me he cogido el papel de Lisídamo, el «viejo enamorado», que me viene que ni pintado, pues viejo soy, más que nadie en la compañía... ¡veintidós siglos!... y a enamorado no hay quien me gane. Ya en mi época, en el foro romano, o aún hoy cuando hay representación, se me van los ojos detrás de los cuerpos jóvenes, llenos de promesas de placer, con que los dioses han adornado la tierra. ¡Ay, el amor! Se me van los ojos, las manos y todo el cuerpo... Que soy espíritu, y clásico, pero hay cosas que no se pueden aguantar, ni en mi época, ni en esta. Ni es sano. A propósito de cuerpos jóvenes y bellos, ¿han visto ustedes el de la dulce

Cásina que acaba de deleitarnos con sus danzas? Ella es la causa de mis sufrimientos en esta obra. De los míos, y de los de mi hijo, Eutinico, que también sufre de amores por ella. Pero no haré lo que hacíamos antiguamente, contar el argumento de la obra para que los menos dotados pudieran seguirla. El espectador de hoy no lo necesita. Ah, se me olvidaba, solo os pido que dejéis a un lado vuestras preocupaciones y problemas. Nadie va a venir a cobraros lo que debéis mientras estéis en el teatro, y el mundo va a seguir igual de mal cuando salgáis, así que no os va a pasar nada porque estéis un par de horas sin enteraros de lo que ocurre fuera.

Y nada más, si os parecen acertadas mis palabras, hacédmelo saber con un aplauso, y así veré que me hacéis objeto de una favorable acogida.

(*Sale* PARDALISCA, *de casa de* LIDÍSAMO, *con una cesta de ropa para tender.*) Ya sale ahí Pardalisca. Es la que se ocupa de los trapos sucios de esta casa. ¡Una bruja! (PARDALISCA *se pone a tender la ropa en el lateral de la casa. Entran* CALINO *y* OLIMPIÓN.) Y los esclavos: Calino y Olimpión, no se sabe cual es más animal de los dos. ¡Me quito la corona, que suene la música y que dé comienzo la función!

(*Sale de escena.*)

Acto I
Escena 1
Olimpión, Calino, Pardalisca.

CALINO vigila a OLIMPIÓN *desde lo alto de una casa, mientras* PARDALISCA *tiende la ropa al fondo.*

OLIMPIÓN   *(Lleva una carretilla con verduras.)* ¿Es que no voy a poder estar solo cuando quiera sin que tú estés presente? *(Se detiene.)* ¿Por qué diablos vas siempre detrás de mí como si fueras mi sombra?

CALINO   ¿Y por qué andas tú rondando todo el día por la ciudad, montón de estiércol?

OLIMPIÓN   Porque me da la gana, esclavo de mierda.

(Le tira una verdura.)

CALINO   ¡Por Pólux, que casi me das! ¡Bestia! ¡Vete al campo con las cabras que es donde debes estar!

OLIMPIÓN   Cuando me case con la bella y dulce Cásina, me la llevaré al campo y allí me quedaré para siempre con ella, sin ver más tu cara de perro.

(Coge la carretilla para irse.)

CALINO   *(Baja desde el tejado de la casa.)* ¿Que te vas a casar con la Cásina? ¿Tú, cara de culo?

OLIMPIÓN   Sí, yo.

CALINO   Por Hércules. prefiero colgarme, antes que verla con un animal de bellotas como tú.

OLIMPIÓN   Pues ya puedes ir poniéndote la soga al cuello y...

                 (Gesto de tirar de la soga.)

CALINO   No se ha hecho la miel para la boca del asno.

OLIMPIÓN   Ya lo verás.

CALINO   Sí, con este ojo de detrás lo voy a ver.

PARDALISCA   ¡Hala, hala!... Los dos igual de animales.

                 (PARDALISCA recoge la cesta de la ropa y entra en casa de LISÍDAMO.)

OLIMPIÓN   Si te acercas a la ventana de nuestro cuarto el día de la boda, podrás escuchar cuando ella me diga: «Olimpión mío, corazoncito mío, vida mía, dulzura y encanto mío, déjame besar tus ojos, cariño, déjame amarte, pichón, conejito mío. Más, más, más...».

CALINO	¡Más mierda!
OLIMPIÓN	Para ti. Y ahora me voy. Me aburre hablar con burros.
CALINO	¡Ya veremos quién se queda con ella y quién se tendrá que seguir conformando con las cabras! (*Canta.*) «El cabrero se ha *cabreao*, porque las cabras se han *empreñao*».
OLIMPIÓN	¡La Cásina será para mí!
CALINO	¡Para mí…! (*Se tiran verduras, y todo lo que encuentran, el uno al otro. Se abre la puerta de la casa de* LISÍDAMO.) ¡El ama!
OLIMPIÓN	¡Que viene!

(*Lo dos esclavos salen corriendo, cada uno por un lado, para que no los vean.*)

Escena II
Cleóstrata, Pardalisca.

Sale a la puerta de su casa Cleóstrata *y detrás su esclava* Pardalisca, *con un pollo a medio desplumar en las manos.*

CLEÓSTRATA   Mete ese pollo ahora mismo en la despensa, la cierras con llave y la guardas hasta que yo vuelva. Si mi marido quiere algo, que vaya a buscarme.

(Se pone el manto que lleva en las manos.)

PARDALISCA   El viejo ha mandado que se le prepare la comida ...

CLEÓSTRATA   ¡Hoy no se come en esta casal Si ese golfo tiene hambre, que se aguante.

PARDALISCA   Se va a poner hecho una fiera...

CLEÓSTRATA   ¡Que se ponga como quiera! ¡El canalla no come hoy en nuestra casa. Voy a ver a mi vecina, a llorar con ella mis penas.

(Va hacia la casa de la vecina.)

PARDALISCA Uno que haga la comida, otro que no la haga. ¡Me tienen como a hetaira por rastrojo!

(*Entra en casa de* LISÍDAMO *y cierra la puerta.*)

CLEÓSTRATA ¡Ay, dioses, qué hombres! ¡Qué hombres!

Escena III
Mírrina, Cleóstrata, Vendedor, Eutinico.

Sale de la casa de Alcésamo, Mírrina, *la vecina, con un esclavo detrás dándole aire con un abanico enorme.*

Mírrina   *(Viendo acercarse a* Cleóstrata.*)* ¡Cleo! ¡Vecina! ¿Dónde vas hablando sola por la calle?

Cleóstrata   En tu busca iba, Mírrina, amiga.

    (Se besan. Se acerca un Vendedor *con un carro.)*

Vendedor   ¡Dátiles! ¡A los ricos dátiles!

Cleóstrata   ¡Ay, si me ves quejándome a los dioses, es porque tengo mis razones!

Mírrina   Por Cástor, sí que tienes mala cara, sí. ¿Qué te ha pasado? ¿Se te ha quemado la comida?

Cleóstrata   Mucho peor...

Mírrina   ¿Te ha pegado tu marido?

CLEÓSTRATA	¡Si me pone la mano encima ese montón de estiércol, le saco los ojos!
MÍRRINA	Iba a comprar unos dátiles. Vente conmigo y dime qué es lo que te tiene tan disgustada, para disgustarme yo también.

(Van las dos hacia el VENDEDOR *de Dátiles.)*

CLEÓSTRATA	Estoy a la vez disgustada y furiosa.
MÍRRINA	¿Sí? ¿Por qué?
CLEÓSTRATA	Disgustada por los sufrimientos que padece mi hijo, y furiosa por el causante de esos sufrimientos, su padre.
MÍRRINA	Cuenta, cuenta... que la historia promete ser más interesante que una buena crucifixión de esclavos.

(Llegan junto al VENDEDOR *de dátiles.)*

VENDEDOR	¡Dátiles! ¡Dátiles! ¡A los ricos y sabrosos dátiles de Oriente!
MÍRRINA	*(Tomando un Dátil.)* Parecen buenos...
CLEÓSTRATA	¿Conoces a Cásina, la esclava danzarina que compramos?
MÍRRINA	Sí, la que baila. (*Al* VENDEDOR, *señalando.*) Dame de esos y de esos.

CLEÓSTRATA	Ha cumplido la edad para casarse, y mi hijo quiere que lo haga con su esclavo Calino, pero el viejo maldito está empeñado en que lo haga con su esclavo Olimpión. Y el pobre de mi hijo está con un disgusto que ni come, ni duerme...
VENDEDOR	Son seis sestercios.
MÍRRINA	¡Cómo está todo de caro...! Perdona, vecina, pero no entiendo por qué no come tu hijo por eso... ¿Qué tiene que ver con él?

(Prueba los dátiles.)

VENDEDOR	*(Saliendo.)* ¡Dátiles! ¡A los rico dátiles!
CLEÓSTRATA	Pareces tonta, vecina. ¡Mucho tiene que ver! Está enamorado de ella, y ya que no puede casarse porque es esclava, quiere que se case con un esclavo para tenerla a mano. Ella se casa con un esclavo, y él...
MÍRRINA	¡Ah! Ya lo cogí. ¿Y por qué no quiere el padre?
CLEÓSTRATA	Porque quiere ser él el que «la tenga a mano». Por eso mi marido quiere casarla con Olimpión.
MÍRRINA	Tú no le lleves la contraria, mujer. Déjale que haga lo que le dé la gana, mientras que a ti no te falte de nada en casa...

CLEÓSTRATA	¿Y que mi pobre hijo ande penando de amores? (*Llega* EUTINICO *buscando algo por el suelo.*) ¡Mírale! Por allí viene con la mirada clavada en el suelo. Da lástima verle. ¡Hijo!
EUTINICO	(*Sin levantarla mirada del suelo.*) ¡Salve, *mater*! ¡Salve, señora vecina...!
	(*Sigue andando.*)
CLEÓSTRATA	¡Hijo! ¿Qué te pasa, que tienes la mirada tan caída?
EUTINICO	Nada, *mater*. Estoy buscando un trébol de cinco hojas, que me ha mandado *pater*...
CLEÓSTRATA	¡Hijo mío!
EUTINICO	(*Recoge un trébol que ha encontrado.*) Uno, dos, tres... este no. ¡Salve, *mater*, tengo que seguir buscando!
	(*Sale, sin dejar de mirar al suelo.*)
CLEÓSTRATA	(*A* MÍRRINA.) ¿Ves eso?
MÍRRINA	¿Qué le pasa?
CLEÓSTRATA	¡El viejo, encima, para tener al niño lejos de casa le manda a hacer recados absurdos! El otro día le pidió que le trajera una gardalia. Cinco días se tiró el niño buscando por los montes.

MÍRRINA   ¿Y lo encontró?

CLEÓSTRATA   ¡Qué lo va a encontrar! Pero se va a enterar ese viejo ruin, ese adefesio, ese animal de bellotas...

                 (LISÍDAMO *llega por una de las calles que dan a la plaza*.)

MÍRRINA   (*Al ver a* LISÍDAMO.) ¡Eh! ¡Hablando del Imperator de Roma, por la puerta asoma!

CLEÓSTRATA   Déjame sola, que me va a oír.

MÍRRINA   (*Saliendo*.) Luego me lo cuentas todo, amiga mía. ¡Salve!

                 (*Se mete* MÍRRINA *en su casa y* CLEÓSTRATA *se esconde para que no la vea* LISÍDAMO.)

Escena IV
Lisídamo, Cleóstrata.

Entra Lisídamo *con un ramo de flores en la mano, sin ver a* Cleóstrata, *flotando de amores y deseo.*

Lisídamo   El amor supera con mucho a las demás cosas de este mundo. Incluso a la comida, pues no hay plato más sabroso o exquisito que el que tiene dentro el condimento del amor. ¡Ay, el amor! Todo lo mueve y trastorna. Vuelve al hombre más huraño, amable y encantador. Lo sé por experiencia. Hasta limosna acabo de dar a uno que me ha pedido en el foro. ¡Y elegante! ¡Y juvenil! ¡Gracias le doy por estos dones a los dioses! ¡Y la música, lo que me gusta! (*A los músicos.*) ¡Tocad, tocad! La música es el alimento para el amor. Los dioses juegan con los corazones de los mortales. ¡Y qué bien huelo! Traigo a los perfumistas de cabeza para que me unjan con las lociones más delicadas y exquisitas que existen en el mundo para gustarle a ella, la más hermosa doncella de la tierra. ¡Ay, qué ganas tengo de verla, de escucharla y de tocarla, y de...! ¡Mi sueño! ¡Mi deseo! ¡Mi vida!

¡Mi alegría!... *(Se da la vuelta y descubre a* CLEÓSTRATA.*)* ¡Mi mujer!

(Trata de huir sin que ella lo vea.)

CLEÓSTRATA   *(Sale de donde estaba escondida.)* ¡Eh, tú, saco de malas ideas, dónde vas, que te he visto!

LISÍDAMO   ¡Por Pólux, esposa mía, qué sorpresa! ¿Cómo estás?

CLEÓSTRATA   Fatal desde que has aparecido ... ¿A quién tienes tantas ganas de ver y de escuchar? ¿Para quién son esas flores?

LISÍDAMO   *(Trata de esconderlas.)* ¿Flores? ¿Qué flores?

CLEÓSTRATA   ¡Esas!

LISÍDAMO   ¡Ah, estas! Para ti, naturalmente. Ven que te dé un beso. No te pongas arisca con tu marido del alma.

(Le ofrece la flores.)

CLEÓSTRATA   *(Las coge y las tira.)* Oye, vil y mentiroso gusano. ¿Te parece bonito ir a tus años por la calle diciendo majaderías y apestando a perfumes?

LISÍDAMO   ¿Yo? *(A los músicos.)* ¿Que huelo a perfumes yo?

CLEÓSTRATA   Sí, tú. ¡Tú! ¿Has estado revolcándote en un burdel?

LISÍDAMO   ¿Yo en un burdel? No, mujer. Te equivocas. Es que estuve ayudando a un amigo a comprar perfumes y seguramente me salpicó algo.

                (*Se sacude la túnica.*)

CLEÓSTRATA   Sí, eso debió de ser. ¿No te da vergüenza?

LISÍDAMO   Bueno, basta ya. Cierra esa bocaza, por los dioses. Guarda un poco de tu elocuencia para poder seguir mañana peleándote conmigo. (*Va hacia la casa.*) ¿Está la comida?

CLEÓSTRATA   En nuestra casa no se come mientras por tu culpa siga penando nuestro único hijo. Parece mentira que te portes así con él.

LISÍDAMO   Más mentira me parece que se porte él así conmigo. Yo también soy padre único, ¿no? Es más lógico que ceda él que yo, que solo quiero casar bien a Cásina. Reconocerás que es mil veces mejor para marido Olimpión, que es serio, formal y trabajador, que ese pillo de Calino.

CLEÓSTRATA   Y claro, a ti te preocupa mucho que se casen bien nuestras esclavas.

LISÍDAMO	Es por Cásina, esa pobre chica inocente que me da pena. Tan joven, tan pequeña, tan sola...
CLEÓSTRATA	¡Tan mentiroso! Me asombra que a tu edad no sepas aún como comportarte con un poco de decencia.
LISÍDAMO	¿Pero, por qué? ¿Qué he hecho yo?
CLEÓSTRATA	No es lo que has hecho, sino lo que piensas hacer.
LISÍDAMO	Nadie es perfecto.
CLEÓSTRATA	Pues tú dirás cómo resolvemos esto, porque yo se la he prometido a Calino y no voy a volverme atrás.
LISÍDAMO	¡Y yo a Olimpión! (*Pausa.*) Tenemos que resolver el litigio como personas cultivadas que somos tú y yo. Si te parece bien, yo hablo con tu esclavo para que se la ceda al mío, con tu permiso...
CLEÓSTRATA	Yo te dejo hablar con Calino, si tú me dejas hablar con Olimpión...
LISÍDAMO	Sea, para que veas mi buena disposición. Entra y manda salir al bribón ese, que voy a hablar con él.
CLEÓSTRATA	Veremos cuál de los dos es más persuasivo.

(*Entra en su casa.*)

LISÍDAMO   (*Solo.*) ¡Que Hércules y los demás dioses la confundan! (Recoge las flores.) ¡Qué duro de llevar es el matrimonio! Cuando nos casamos me dijo que estaba dispuesta a morir por mí, y ahora que es el momento oportuno no quiere la condenada. (*Al público.*) ¡No os caséis! ¡Y si ya estáis casados, separaos lo antes que podáis! La culpa la tiene el insensato que inventó el matrimonio. Fue un fenicio, según dicen. Y él no se casó. Lo inventó y se quedó soltero el muy canalla.

CALINO   (*Sale de casa de* LISÍDAMO *hablando hacia su interior.*) Sí, ama. Lo que tú digas, ama... Claro, ama...

LISÍDAMO   Ah! sale el animal de Calino. Trataré de ser lo más amable que me sea posible.

(*Finge una mueca de falsa amabilidad.*)

Escena V
Lisídamo, Calino.

Llega CALINO *y se encuentra con* LISÍDAMO, *que lo está esperando.*

LISÍDAMO (*A* CALINO.) ¡Salve, Calino! Que los dioses y diosas te protejan. ¡Qué alegría verte!

CALINO ¿Es a mí?

LISÍDAMO Claro, a ti te digo, Calino. ¿A quién si no? Ya sabes que gozas de toda mi simpatía.

CALINO ¿Ah, sí? ¿Entonces por qué no me das la libertad?

LISÍDAMO (*Se sienta en un banco de la plaza.*) Eso es lo que más deseo, pero de nada sirve que yo lo quiera si tú no ayudas un poco a conseguirla. Siéntate.

CALINO ¿Ahí?

(*Se sienta junto a* LISÍDAMO, *sorprendido por la familiaridad con que lo trata.*)

LISÍDAMO Claro, aquí. A mi lado.

CALINO   Déjame que adivine: «ayudar un poco» consiste en que renuncie a tomar a Cásina por esposa.

LISÍDAMO   ¡Qué listo eres, muchacho! Tan listo como buena persona.

CALINO   ¿Sí? Ya, pro ...

LISÍDAMO   Compréndeme, Calino. No es por ti, que te aprecio. No soy de los que piensan que eres un insolente, un bicho malo, y un granuja que tenía que estar crucificado. No, no es por eso. Es que se la he prometido a mi esclavo, no puedo volverme atrás. Soy el pater familia, el que manda en mi casa según la ley romana.

CALINO   (*Se Levanta del banco.*) Eso díselo a tu mujer. Ella me la ha prometido a mí, y yo...

LISÍDAMO   (*Se levanta y va hacía* CALINO.) Yo lo hago por tu bien. No te cases, que de eso sé yo más que tú. fíjate en mi mujer...

CALINO   No vas a comparar a la Cásina con esa...

LISÍDAMO   En eso tienes razón, ya ves .

CALINO   Además, Cásina es danzarina.

LISÍDAMO   También lo era mi mujer de joven, y ahora, el único que baila en casa soy yo. Hazme caso. Deja que se case con el esclavo. que se fastidie ese...

CALINO   ¡Que no! ¡A ver si te crees que soy tonto!

LISÍDAMO   (*Amenazándolo.*) No te aguanto más, majadero. (CALINO *corre.*) ¡Entra y dile a mi mujer que lo echaremos a suertes! ¡Que traiga la urna con las bolas!

CALINO   ¡Hagas lo que hagas me quedaré con la Cásina!

LISÍDAMO   (*Va amenazante hacia él.*) ¡Fuera de mi vista antes de que te ahorque y se acabe el pleito! (CALINO *entra corriendo en la casa de* LISÍDAMO. *Solo.*) Lo que tiene uno que aguantar hasta de un miserable esclavo cuando se está enamorado. Espero que por lo menos esa arpía no haya logrado convencer con sus malas artes a mi esclavo. (*Se escucha un grito que proviene de la casa de* LISÍDAMO.) Allí viene el mostrenco de Olimpión. A ver qué ha pasado.

Escena VI
Olimpión, Lisídamo.

OLIMPIÓN	(*Sale hablando hacia dentro de la casa, tocándose la cabeza.*) ¡Aunque me metas en un horno y me tuestes como a un cordero no conseguirás lo que me pides!
LISÍDAMO	¿Qué pasa? ¿Con quién discutes, Olimpión?
OLIMPIÓN	Con la misma que tú todos los días, amo. Y como le he dicho que no, se ha puesto...
	(*Con gesto de dolor.*)
LISÍDAMO	Tú no hagas caso.
OLIMPIÓN	Ya, pero es que me ha dado con un palo en la cabeza.
LISÍDAMO	¿Cuántas veces?
OLIMPIÓN	Una. Luego ya he salido corriendo.
LISÍDAMO	Eso no es nada, para ti, que tienes la cabeza más dura que una piedra.

OLIMPIÓN   Yo hago lo que tú mandes, amo. Pero está muy enfadada, y dice que no dejará que me case con la Cásina.

LISÍDAMO   Vamos a tener que echarlo a suerte, no queda más remedio. He pedido las bolas y la urna. Confiemos en los dioses.

OLIMPIÓN   ¿Y si los dioses deciden lo que nosotros no queremos? Los dioses no son de fiar, amo. Mírame a mí: esclavo, feo ...

LISÍDAMO   Los dioses saben lo que hacen. Ten confianza en los dioses.

OLIMPIÓN   ¿Y si a pesar de tener confianza en los dioses sale la bola de ellos?

LISÍDAMO   Con negarnos a aceptar ese tonto sorteo, vale. (*Se abren las puertas de la casa de* Lisídamo.) Ahí salen ya con la urna. Silencio.

Escena VII
*Cleóstrata, Lisídamo, Pardalisca, Olimpión y Calino,
Cásina.*

Salen de la casa LISÍDAMO, CLEÓSTRATA *y* CA-
LINO. *Detrás, la esclava* PARDALISCA, *con una
urna y dos esclavos que portan sillones para
los amos.*

CLEÓSTRATA   Así que quieres que sean los dioses los que
              decidan esta cuestión.

LISÍDAMO   Si no te parece a ti desacertado...

CLEÓSTRATA   Muy bien. Estoy segura de que los dioses
              me darán la razón.

PARDALISCA   ¿Puedo dejar ya la urna en el suelo? ¡Que
              pesa!

LISÍDAMO   Déjala ahí y entra a preparar algo de comer,
              que tengo el estómago más vacío que mi
              mujer la cabeza.

CLEÓSTRATA   (*A* LISÍDAMO.) Y más que lo vas a tener si
              no aceptas las decisiones de los dioses. (*A*
              PARDALISCA.) Tú, quieta ahí.

OLIMPIÓN   Amo, ¿tú tienes bolas?

CLEÓSTRATA	¡Las bolas las tengo yo!
	(Enseña dos bolas: una blanca y otra negra.)
CALINO	¿Y quién va a ser la mano inocente que las saque? Porque yo del amo no me fío.
LISÍDAMO	A ti te voy a dar yo, majadero.
OLIMPIÓN	Ni yo del ama.
CLEÓSTRATA	Puede sacarla Pardalisca.
LISÍDAMO	Esta, más que una mano inocente, es una mano indecente.
PARDALISCA	*(A* CLEÓSTRATA.*)* Cómo se pone, porque no le doy de comer...
CLEÓSTRATA	*(A* PARDALISCA.*)* Lo mejor será que traigas a Cásina para que saque ella la bola.
LISÍDAMO	¡Cásina! Sí, que la saque mi futura esposa, digo, ¡la de Olimpión! (PARDALISCA *va a la casa.* CLEÓSTRATA *y* LISÍDAMO *se sientan en los sillones.)* ¿Y cómo realizamos el sorteo?
CLEÓSTRATA	Sí saca la bola blanca, será para Calino. Si saca la negra, para ese animal de tu esclavo.
OLIMPIÓN	No sé por qué tengo yo que tener la negra. Que se la den a este.

CALINO	Ten cuidado no te vaya a poner los ojos negros también...
OLIMPIÓN	¿Tú a mi? A verlo. Vamos, si te atreves. (CALINO *le da un puñetazo.*) Amo, me ha pegado...
LISÍDAMO	Dale tú a él. Rómpele la cara.
OLIMPIÓN	¿Con la mano abierta o con el puño?
LISÍDAMO	Como prefieras, pero fuerte. Dale en lo dientes.

(OLIMPIÓN *pega a* CALINO.)

CLEÓSTRATA	¿Cómo te atreves a tocarlo? (*A* CALINO.) ¡Dale tú también!

(CALINO *pega a* OLIMPIÓN.)

LISÍDAMO	(*A* OLIMPIÓN.) ¡Devuélvesela más fuerte!
CLEÓSTRATA	(*A* CALINO.) ¡Métele un dedo en el ojo!
LISÍDAMO	(*A* OLIMPIÓN.) ¡Muérdelo! (*Los dos esclavos quedan en el suelo quejándose de dolor. A su mujer.*) Desde luego, no quedan esclavos como los de antes. ¿Te acuerdas de aquellos dos libios que teníamos, que se mataron el uno al otro en una pelea nuestra porque se había quemado la comida?

CLEÓSTRATA   No tenias razón entonces, como tampoco la tienes ahora.

               (*Se abre la puerta de la casa de* LISÍDAMO Y *salen* CÁSINA Y PARDALISCA.)

CÁSINA   (*A* CLEÓSTRATA.) ¿Me llamabas, ama?

CLEÓSTRATA   Sí, acércate.

LISÍDAMO   (*Va hacia ella.*) Cásina, queremos que nos dejes tu delicada y blanca mano para sacar la bola del destino que va a decidir un asunto de suma importancia para ti.

CLEÓSTRATA   (*A* CÁSINA, *mientras mete las bolas en la urna.*) Saca una bola, anda. (*A* LISÍDAMO.) Y tú deja de decir memeces.

               (*Rodean todos la urna con expectación.* CÁSINA *mete una mano y saca la bola negra.*)

LISÍDAMO   ¡La negra! Hemos ganado... (*Coge la bola y la besa.*) ¡Hija de mi vida!

               (*Besa a* CÁSINA.)

OLIMPIÓN   ¡He ganado, se casará conmigo! ¡Va a ser mi mujer!

               (*Besa a su amo.*)

LISÍDAMO   ¡No me beses, que te... !

CÁSINA	¡No! ¡No quiero casarme con él! ¡No! (CÁSINA *sale corriendo y se mete en casa de* LISÍDAMO.)
LISÍDAMO	¡Cásina!
TODOS	¡Cásina!
PARDALISCA	Yo, desde luego, antes de casarme con ese me mataba. (*A los esclavos.*) ¡Vamos! (*Sale* PARDALISCA *con la urna y los dos esclavos llevando los sillones.*)

Escena VIII
Lisídamo, Olimpión y Calino escondido.

LISÍDAMO   ¡Los dioses me han premiado por mis muchos méritos al vivir con mi mujer todos estos años! (*A* OLIMPIÓN.) Tenemos que preparar rápidamente las cosas para la boda. (*A* CALINO.) ¡Tú qué miras! ¡Largo de aquí! ¡Vete con los perros al establo! (*Le tira una piedra.* CALINO *se aleja murmurando, y se esconde a espiarlos.*) ¡Hemos ganado! ¿Te das cuenta, Olimpión? Pronto podré tenerla entre mis brazos y besarla, y...

OLIMPIÓN   Me alegro de que estés feliz, amo. Si tú estás contento, yo estoy contento. ¿Puedo darte un abrazo?

LISÍDAMO   Bueno, pero rápido y sin tocar...

OLIMPIÓN   ¡Oh, en cuanto lo pienso, me parece que estoy bebiendo miel!

             (*Lo abraza por detrás.*)

LISÍDAMO   (*Rechazando a* OLIMPIÓN.) ¡Qué haces, maricón! ¡Por detrás no!

OLIMPIÓN   (*Disculpándose.*) Si yo te proporciono un gran placer dándote a la Cásina, dame tú otro placer a mí dejándome que te quiera.

LISÍDAMO   Quiéreme todo lo que te dé la gana, pero de lejos. Si tratas de hacer conmigo lo que yo voy a hacer con Cásina, te saco los ojos. Voy a casa del vecino a preparar mi noche de bodas.

OLIMPIÓN   ¿Y si se entera tu mujer porque se lo dice la suya? Son amigas.

LISÍDAMO   Lo tengo bien planeado: la casa, la fiesta, la boda, el campo, el vecino y el lecho. Tú te casas, yo la gozo y nadie se entera...

OLIMPIÓN   Me parece una idea digna de ti, querido amo.

    (*Le besa la túnica.*)

LISÍDAMO   ¡Que no te acerques! ¡No me manosees!

OLIMPIÓN   Solo era la túnica ...

LISÍDAMO   ¡Quita, que la manchas! Vete a comprar comida para el banquete de bodas, a ver si por fin puedo comer algo. Trae manjares delicados: chipirones, choquitos, chirlas, chipitas, chanchas, chorlos...

OLIMPIÓN   ¿Traigo lenguado?

LISÍDAMO   No, Para lenguada ya está mi mujer.

OLIMPIÓN   ¿Me compro algo de ropa? Para la boda solo tengo esto.

LISÍDAMO   No podemos tirar el dinero en bobadas. Así estás bien. Corre al mercado y date prisa.

OLIMPIÓN   Si, mi corazón de amo.

(Le lanza un beso y sale.)

LISÍDAMO   ¿Y con esa mosca cojonera qué hago? Se está poniendo pesado ya con tanto amor por mí. Lo mejor será deshacerme de él lo antes que pueda vendiéndoselo a algún infeliz y que le agujeree el trasero a él. ¡Cásina! Gracias os sean dadas, dioses. Siempre he sabido que soléis favorecer al que tiene peores intenciones. ¡Qué besos le voy a dar! Danzará para mí, y luego la cogeré y me la comeré, como a las almejas y a los mejillones de la cena. Voy a ver al vecino para pedirle que me deje su casa.

(Entra en casa de ALCÉSIMO.*)*

CALINO   *(Saliendo de su escondite.)* Aunque me concedieran la libertad a cambio de ello no renunciaría a darles a estos dos un buen escarmiento. Voy a contar a mi ama ahora mismo lo que he visto y oído de los tratos de este viejo verde y ese invertido, y así todo se volverá en favor mío y de mi joven amo. El que ríe el último ríe dos veces. ¡Ja, ja! *(Al salir se da un golpe con una columna.)* ¡Díoses!

(Sale cojeando.)

Escena IX
Lisídamo. Alcésimo.

LISÍDAMO y ALCÉSIMO *salen de la casa de este último.*

LISÍDAMO   Ahora voy a saber si eres o no un verdadero amigo, Alcésimo.

ALCÉSIMO   Pero, Lisídamo... No puede ser...

LISÍDAMO   Ahórrate los reproches por haberme enamorado: que si tengo muchos años, que con mis canas, que si estando casado, y demás zarandajas. Tú déjame libre tu casa esta tarde después de la boda y no me des consejos, que no me hacen ninguna falta.

ALCÉSIMO   Lisídamo, piénsatelo bien. Como se enteren tu mujer o la mía, vamos a tener un disgusto.

LISÍDAMO   Los hombres tenemos que cerrar filas y defendernos frente al ataque de esas legiones enemigas que son las esposas. Hoy por mí mañana por ti. Así que ya sabes: mandas a tus esclavos y a tu mujer a la fiesta de mi casa y dejas tu casa vacía.

ALCÉSIMO   ¿Y si no quieren?

LISÍDAMO   ¡Querrán! Habrá música y danzas hasta en-
trada la noche. Nadie tiene por qué ente-
rarse.

ALCÉSIMO   En qué líos me metes, Lisídamo. ¿Y qué
saco yo de todo esto, a ver?

LISÍDAMO   A lo mejor, si te portas bien, te vendo barato un esclavo que te va a venir como anillo al dedo.

ALCÉSIMO   ¡Un esclavo! ¿Es servicial?

LISÍDAMO   Cariñosísimo. Tú haz lo que te he dicho,
que yo me voy al foro a resolver un asunto urgente y a tratar de comer algo, que hoy
en mi casa no es posible. ¡Salve!

(Sale.)

ALCÉSIMO   ¡Salve! *(Pensativo.)* Un esclavo es un esclavo. Lo malo es mi mujer...

(Sale.)

Escena X

Cleóstrata, Cásina, Pardalisca y Calino. Luego Eutinico.

Salen de la casa de Lisídamo: Cleóstrata, Cásina, Calino *y* Pardalisca. Cásina *lleva una cesta llena de flores en las manos.*

Cleóstrata   (*Saliendo por la puerta y diciéndole con* Cá-sina.) Ese canalla decrépito, almacén de vicios, cerdo que ronca, quiere llevarte a casa del vecino y allí gozarte. Me lo ha contado Calino, que lo ha oído mientras el viejo lo planeaba con su esclavo.

Calino   Sí, yo estaba allí y lo vi.

Cásina   ¿Y qué podemos hacer? (*A* Pardalisca.) Si me lleva con él, me muero.

Cleóstrata   No te preocupes, que ese va a ir por lana y va a salir trasquilado.

Cásina   Entonces lo del sorteo...

Cleóstrata   Los sorteos, si salen a favor de uno, valen. Si no, no. Eso lo he aprendido yo de mi marido.

CÁSINA   Yo lo único que quiero es estar con tu hijo, al que adoro...

CLEÓSTRATA   Pardalisca, ve a buscar a mi hijo.

PARDALISCA   Sí, ama.

CLEÓSTRATA   No, espera, allí viene. (*Al público.*) Lo bien que sale todo en las comedias. Cuando alguien estorba para hacer la escena siguiente, se va, y cuando alguien es necesario, viene. Da gusto. (*A* EUTINICO.) ¡Hijo mío!

EUTINICO   ¡*Mater*! ¡Cásina! ¡El amor de mí vida!

CÁSINA   Mi único y verdadero amo...

                  (EUTINICO y CÁSINA *se cogen de las manos.*)

CLEÓSTRATA   ¡Ay dioses, qué bonito es el amor! Dan ganas de llorar.

EUTINICO   Tenía muchas ganas de verte...

CÁSINA   Yo también tenía muchas ganas...

EUTINICO   Estaba en el monte cogiendo tréboles.

CÁSINA   Quieren casarme con Olimpión y alejarme de ti.

EUTINICO   Si no podemos estar juntos, lo mejor será matarnos.

CÁSINA   Si tú quieres...

CLEÓSTRATA   ¿Quién habla de matarse en una comedia?

EUTINICO   Tengo aquí la flauta... ¿quieres que vaya-
            mos a tocar y danzar con ellos? *(Señala a
            los músicos.)*

CÁSINA   Lo que tú quieras, yo quiero.

EUTINICO   ¡Vamos!

            (Se toman de la mano.)

CLEÓSTRATA   ¡Qué juventud!

*(CÁSINA y EUTINICO se acercan a los músi-
cos. EUTINICO se pone a tocar la flauta y CÁ-
SINA comienza a bailar. Los vecino se asoman
y animan la calle cantando la canción.)*

La danza de los cuerpos
            «Danzad, danzad, amantes
            amantes a danzar.
            la danza de los cuerpo
            no puede terminar.
        Las montaña tocan las nubes
        Y la luna el agua del mar,
        acaricia la lluvia a la tierra
        y el viento la flores al pasar.
        Las estrellas besan el cielo
    los arroyos los puentes al cruzar,
    los caminantes rozan la tierra

y los dioses no se dejan de besar.
Danzad, danzad, amantes
   amantes a danzar,
la danza de los cuerpos
no puede terminar».

(Al terminar el baile sale Lisídamo, *se pone
la corona y se transforma en* Plauto.*)*

Plauto   *(Al público.)* ¡Ay, el amor! ¡El amor! El viejo, los jóvenes, los esclavos... todos corren
tras el amor. Mas hora es ya de detener los
enredos de la escena, de hacer un descan-
so, pues en mi tiempo, y ahora, gusta de
estirar las piernas y hablar un rato de vuestras cosas... hasta que dé comienzo la segunda parte. Yo subo al Olimpo de los clá-
sicos un momento, a ver cómo siguen por
allí la cosas, que también hay unos buenos
enredos y líos de amores entre los dioses,
y enseguida vuelvo a estar con vosotros.
¿Quién se quedará con Cásina? Lo vere-
mos en la segunda parte. ¡Hasta pronto,
amigo míos!

Acto II
Escena 1
Lisídamo y Alcésimo. Luego Pardalisca y Cásina. Mírrina
y Cleóstrata. Mendigo.

LISÍDAMO	(*Al público.*) Nada más fastidioso para un hombre lleno de deseo de estar con su amada que tener que perder el día asistiendo como testigo en el juicio de un pariente. ¡Qué confusión de juicio! Ha pillado a su mujer en la cama con dos eunucos, y ha presentado una reclamación al procónsul contra el comerciante que se los vendió. Su mujer ha estado seis años con los eunucos y ya se ha hecho a ellos. Ahora dice que a ella no le quiten sus eunucos, y que en su casa el único eunuco de verdad que hay es su marido. Y encima no nos han dado nada de comer. Ha perdido el juicio, y le está bien empleado, por eunuco.
ALCÉSIMO	(*Sale de su casa.*) ¡Salve, Lisídamo!
LISÍDAMO	¡Salve, Alcésimo! ¿Cómo van nuestros planes, vecino?
ALCÉSIMO	¡En qué lío me has metido! Mi mujer no quiere marcharse de casa, y para convencerla he tenido que prometer que le compraría

el último modelo de cuadriga, que me va a salir por un ojo de la cara.

LISÍDAMO   Te estás portando como un verdadero amigo.

PARDALISCA   (*Dentro de la casa de* LISÍDAMO.) ¡Socorro, que me mata! ¡Que alguien la sujete!

LISÍDAMO   Pero. ¿qué gritos con esos que salen de dentro de mi casa?

PARDALISCA   (*Sale de la casa.*) ¡Se ha vuelto loca! ¡Me tiembla el corazón de miedo, dioses! ¡Que alguien le quite la espada antes de que ocurra una desgracia! ¡Socorredme, vecinos! ¿Es que nadie va a ayudarme?

LISÍDAMO   (*Acercándose a ella.*) Pardalisca, cálmate y dime qué pasa en mi casa, que sales tan asustada.

PARDALISCA   ¡Oh, amo mío! ¡Gracias a los dioses que te encuentro!

LISÍDAMO   Pero ¿qué te pasa? ¿Por qué tiemblas de ese modo, mujer?

ALCÉSIMO   Parece como si hubiera visto una tragedia de Esquilo.

PARDALISCA ¡Estoy perdida! ¡Y tú también, amo! ¡Y todos los que vivimos en esa casa! ¡El vecino también!

ALCÉSIMO ¿Yo, por qué?

PARDALISCA ¡Dame aire, por favor!

LISÍDAMO Lo que te voy a dar es un guantazo si no me dices lo que pasa.

ALCÉSIMO Debe de ser algo muy gordo, desde luego. Por cómo se explica…

PARDALISCA ¡El terror me paraliza la lengua! ¡Ay qué desgracia tan grande!

LISÍDAMO (*A* ALCÉSIMO.) Déjame el bastón, que se va a enterar esta de lo que es una desgracia.

ALCÉSIMO (*Se lo da.*) ¡Toma, dale!

LISÍDAMO (*La amenaza con el bastón.*) ¡Habla, majadera! ¡Que los dioses te confundan! ¡Si no hablas, te juro que te mato aquí mismo y ya no hablas nunca más! ¡Habla!

PARDALISCA ¡Amo mío! ¡Es Cásina!

LISÍDAMO ¡Cásina! ¿Qué le pasa a Cásina?

PARDALISCA ¡Ha sido horrible, espantoso! Ha cogido una espada, de tu cuarto de armas, y se ha puesto a decir a gritos: «Mataré a todos los de la casa»... ¡Como loca estaba!

LISÍDAMO Pero. ¿por qué? ¿Qué ha pasado?

PARDALISCA Están todos escondidos debajo de las camas para que no los coja.

CÁSINA (*Dentro de la casa.*) ¡Soltadme!

PARDALISCA ¡Mira, allí sale, amo!

CÁSINA (*Sale con un escudo y una espada.*) ¡Que nadie se acerque! ¡No me casaré con ese horrible esclavo!

LISÍDAMO ¡Escondámonos, que no nos vea!

(*Se esconden los tres.*)

CÁSINA ¡Antes os mataré a todos y yo me mataré luego cortándome las venas de las dos manos! ¡Mi corazón pertenece a otro hombre, que es noble, dueño de esta casa, entrado en años y hermoso como el sol, y no a ese miserable esclavo!

LISÍDAMO (*Aparte.*) ¿Quién no prefiere la miel al estiercol?

CÁSINA ¡Amo su pelo blanco como de Júpiter...

ALCÉSIMO	(*Aparte.*) Desde luego, dicen que el amor es ciego...
CÁSINA	Y su porte señorial lleno de juicio y belleza, no el de ese asqueroso esclavo!

(CLEÓSTRATA y MÍRRINA *se asoman a la puerta de la casa de* LISÍDAMO.)

MÍRRINA	¡Sigue, sigue!
CLEÓSTRATA	¡Así, así!
CÁSINA	¡Venus y demás diosas del amor, socorredme en este trance! ¡Mataré con esta espada al que intente ponerme las galas nupciales, y luego me mataré yo, iré a la fosa fría y oscura!

(*Entra* CÁSINA *de nuevo en la casa de* LISÍDAMO, *y salen los otro tres de su escondite.*)

LISÍDAMO	¡Oh, dioses! ¿Has oído que me ama, y lo de la espada y la fosa fría? Me he quedado estupefacto.
ALCÉSIMO	Y yo también. Con lo de las manos y la sangre... Esta comedia va a acabar en tragedia.
PARDALISCA	¿Y qué podemos hacer, amo?
LISÍDAMO	Vas a entrar a hablar con ella, Pardalisca.

PARDALISCA	Yo no me acerco, no me dé con la espada.
LISÍDAMO	Una espada no es nada, mujer. Te curas luego y en paz. (*A* ALCÉSIMO.) Déjame tu bolsa, vecino.
ALCÉSIMO	(*Dándosela.*) Es para la cuadriga.
LISÍDAMO	Tú tienes más. (*Le tira la bolsa a* PARDALISCA.) Toma, para que luego no digas que no soy generoso. Convéncela de que se case, dile que en el lecho su novio se convertirá en su Júpiter o sea, yo. (*A* ALCÉSIMO.) Dame ese anillo ...
ALCÉSIMO	(*Quitándose el anillo.*) Pero, Lisídamo (*Se lo da.*) Era de mi padre y de mi abuelo...
LISÍDAMO	No importa (*Se lo da a* PARDALISCA.) Dale este anillo de mi parte y dile que, si hace lo que le mandamos, luego tendrán más. Y tú también.
PARDALISCA	Veremos qué se puede hacer, amo.

(*Se va poniendo el anillo.*)

LISÍDAMO	¡No hables de esto con mi mujer!
PARDALISCA	Descuida, amo. Seré completamente muda.

(*Entra en casa de* LISÍDAMO.)

LISÍDAMO	¿Has visto, Alcésimo, cómo se ceban en mí las desgracias por culpa del amor?
ALCÉSIMO	Lo que he visto, Lisídamo, es cómo me he quedado sin bolsa y sin anillo por tus enredos.

(Se acerca a ellos un mendigo.)

MENDIGO	Un sestercio. Por los dioses, un sestercio…
LISÍDAMO	*(A* ALCÉSIMO.*)* Dale algo. Que vean que somos generosos.
ALCÉSIMO	¡Pero si me has dejado sin nada!
LISÍDAMO	*(Le quita a* ALCÉSIMO *su pulsera y se la da al mendigo.)* Dale esto. No seas egoísta.

(El MENDIGO *se va corriendo con la pulsera.)*

ALCÉSIMO	Me voy a casa antes de que me dejes también sin túnica. ¡Salve, Lisídamo!

(Se aleja.)

LISÍDAMO	Verás qué bien te va a sentar el esclavo. Es cariñosísimo. ¡Y ve preparándome el lecho! ¡Perfúmalo bien! ¡Salve, Alcésimo! *(Sale* ALCÉSIMO.*)* Estos amigos en cuanto les pides un favor empiezan a arrugar el entrecejo. Encima que lo aguanto y me rebajo a

hablar con él. Envidia que me tiene el ve-
jestorio este. Se le va a quitar cuando le cai-
ga encima el esclavo.

Escena II
Eutinico, Lisídamo.

Se escucha a lo lejos la voz de EUTINICO.

EUTINICO   (*Desde fuera.*) ¡Pater!

LISÍDAMO   ¡Eutinico!

EUTINICO   ¿Dónde estás?

LISÍDAMO   ¿Dónde estás tú?

EUTINICO   ¡Aquí, detrás de la casa!

LISÍDAMO   Pues ven aquí delante, si no, no podemos hacer la escena.

                (EUTINICO *llega corriendo.*)

EUTINICO   ¡*Pater*! Te estaba buscando. Toma, lo que me encargaste, el trébol de cinco hojas. (*Se lo da.*) Lo he encontrado en lo alto de la montaña. Y muchos más de cuatro.

                (*Se los enseña, sacándolos de la bolsa donde los lleva.*)

LISÍDAMO	*(Lo coge.)* ¡Pero... es verde!
EUTINICO	Sí... me parece. ¿Por qué?
LISÍDAMO	Yo lo quería morado. Este no sirve. Búscame uno morado.
EUTINICO	¿Morado?
LISÍDAMO	Sí. Morado.
EUTINICO	*(Casi llorando.)* Pero, *pater*... no sé si voy a poder...
LISÍDAMO	No seas inútil. Hala, al monte. Y no vuelvas hasta que lo consigas .
EUTINICO	¿Y si no lo encuentro aunque lo busque?
LISÍDAMO	¡Lo pintas, pero aquí no vuelvas sin él! ¡Estos jóvenes de ahora no valen para nada! ¡Uno de siete hojas y cada una de un color le traje yo a mi padre!
EUTINICO	¡Va!
	(Sale con la cabeza por los suelos.)
LISÍDAMO	Estoy rodeado de inútiles. ¿Adónde habrá ido Olimpión por la comida de la boda? Si no hay comida, no hay boda, y si no hay boda, no hay Cásina, y yo ya no puedo más de tanta espera. Como se haya entretenido

jugando a los dados voy a poner caliente a ese mostrenco.

OLIMPIÓN   (*A lo lejos.*) ¡Amo!

LISÍDAMO   ¡Ahí está! Es decir «mostrenco» y aparece. (*Al público.*) Miren: ¡Mostrenco!

OLIMPIÓN   ¡Amo!

Escena III
Olimpión, Lisídamo, Cleóstrata, Cocinero, Pardalisca, Esclavos.

Entran OLIMPIÓN, LISÍDAMO, *un* COCINERO *y cuatro esclavos con sacos y provisiones.*

OLIMPIÓN   Amo, ya estamos aquí.

LISÍDAMO   Pero ¿es que tú quieres arruinarme? ¿A qué vienen todas estas compras?

OLIMPIÓN   Es lo que ha encargado el cocinero griego que he alquilado para el banquete ...

LISÍDAMO   ¿Y quién te manda a ti alquilar un cocinero griego?

COCINERO   *(Con acento extranjero.)* Sin un cocinero griego, como los dioses mandan, no puede salir bien un banquete nupcial. ¿Quién sabe aderezar las salsas para que consigan efectos afrodisíacos? ¿Quién cocinar especias orientales que den vigor y potencia al miembro del novio para el acto carnal? ¿Quién es capaz de hacer relamerse a la novia de gusto con manjares suntuosos que despiertan apetitos escondidos? ¿Quién saca a la almeja su pulpa deliciosa y a la granada el divino néctar para el paladar exigente? ¿Quién puede hacer temblar de lujuria a un mortal al contacto cimbreante del postre de criadillas de pato?...

LISÍDAMO   Sí, sí, basta, basta... ¡A la cocina! Entrad en casa y preparad el banquete.

COCINERO   ¡Todos a la cocina!

(*El* COCINERO *y sus ayudantes entran en casa de* LISÍDAMO.)

LISÍDAMO   Con tal de no oírle hablar más prefiero comerme sus guisos, aunque yo no necesite ningún afrodisíaco para la noche de bodas. Estoy en plena y vigorosa juventud. Lo único que necesito es comer algo, que estoy muerto de hambre... ¡Pardalisca!

(*Sale* PARDALISCA *de casa de* LISÍDAMO.)

PARDALISCA   ¿Sí? ¿Me llamabas, amo?

LISÍDAMO   ¿Cómo van nuestros negocios?

PARDALISCA   Divinamente, amo. Cásina accede a lo que has mandado, y está a punto de vestir sus galas para la ceremonia... (*Abre una ventana por donde se ve a* CÁSINA.) Mira, amo, allí está. Si te acercas, podrás ver por esta ventana...

LISÍDAMO	(*Mirando por la ventana.*) ¡Cásina!
PARDALISCA	Ahora se quita la ropa que lleva puesta. ¿La ves, amo? Sus piernas, sus brazos, sus... lo demás.
LISÍDAMO	¡Si que la veo! ¡Venus tendría envidia de ver lo que veo! ¡Tanta belleza puesta en un mismo cuerpo! ¡Y todo para mí! (*A* OLIMPIÓN.) ¡Tú no mires, que te conozco!...
OLIMPIÓN	A mí me da igual, amo. Yo con tal de verte contento...
LISÍDAMO	¡Y no te acerques!
PARDALISCA	Mira, amo. Ahora se cubre ya con las galas nupciales... ¿Lo ves?
LISÍDAMO	¡Lo veo, lo veo! ¡Qué maravilla! ¡Qué tesoro! ¡Qué diferencia de ver vestirse a Cásina a ver vestirse a mi mujer!
PARDALISCA	Pues ella lo hace todo para ti.
LISÍDAMO	¡Hija de mi vida!. ..
	(CLEÓSTRATA *abre la puerta de su casa.*)
PARDALISCA	Cuidado, disimula. Aquí sale tu mujer.
	(*Disimulan todos ante* CLEÓSTRATA.)

CLEÓSTRATA	La novia ya casi está. ¿El novio está preparado?
LISÍDAMO	Sí, ya estoy... digo: ya está.
CLEÓSTRATA	¿Tiene la corona de laurel? ¿Y la antorcha?
LISÍDAMO	¿Corona, antorcha...? Pero, mujer, no hacen falta tantas cosas. Que salga la novia y ya está.
CLEÓSTRATA	O hay antorcha, corona, músicos vestidos para la ceremonia, y se canta el himeneo como los dioses mandan, o no hay boda.

(Se mete en la casa.)

LISÍDAMO	Vamos a comprar una antorcha y una corona. (*A los músicos.*) ¡Vamos. que tenéis que vestiros para la ceremonia! ¡Cuánto tiene que pasar un enamorado para poder conseguir el objeto de su amor! La antorcha, la corona, el vecino, los músicos, el lecho, el banquete: gastos, gastos...

(*Salen* LISÍDAMO, OLIMPIÓN *y los músicos.*)

Escena IV
Pardalisca, Cleóstrata, Mírrina, Cásina, Calino.

> *PARDALISCA se acerca a la casa y hace señas para que salgan los que esperan dentro.*

PARDALISCA   No está. Podéis salir.

CLEÓSTRATA   ¿Se ha ido?

PARDALISCA   Sí, ama.

> *(Salen de la casa, CALINO, CLEÓSTRATA, MÍRRINA y CÁSINA, vestida de novia.)*

MÍRRINA   Ha sido una ocurrencia divertidísima. Ni en Olímpia se celebran juegos tan divertidos como los que van a ocurrir aquí esta noche a costa de tu marido.

CLEÓSTRATA   *(A MÍRRINA.)* Acuérdate que ahora tienes que ir a tu casa y prepararlo todo como te he dicho.

MÍRRINA   Así lo haré. Cleóstrata.

CLEÓSTRATA   *(A CALINO.)* ¿Sabes lo que tienes que hacer, Calino?

CALINO	Sí, ama...
CLEÓSTRATA	(*A* CÁSINA.) Y tú, Cásina, ve a quitarte ese vestido.
CÁSINA	¿No notará nada al ver a la novia?
PARDALISCA	Después de verte por la ventana, está tan ciego de pasión que no distingue un griego de un cartaginés.
CÁSINA	Entonces, ¿lo he engañado?
CLEÓSTRATA	Muy bien...
PARDALISCA	¡Ama, alguien viene!
CLEÓSTRATA	Ha llegado el momento de entrar en «el último acto de esta comedia». Cada uno a su tarea. Preparemos la trampa donde ha de caer ese viejo zorro.

(*Salen todos.*)

Escena V
Músicos, Lisídamo, Olimpión.

Entran por un lateral Lisídamo, Olimpión,
*que lleva en sus manos una antorcha y una
corona, y los músicos, vestidos de ceremonia.*

Lisídamo   Ya tenemos la antorcha y la corona.

Olimpión   Ahora tenemos que cantar el himeneo, amo.

Lisídamo   Pues cántalo a ver si sale la novia.

                  (Olimpión *canta con los músicos.*)

Músicos   «¡Himen, himen, himeneo!
                  Venus proteja nuestro lecho,
                     llene de gozos el deseo.
                  ¡Himen, himen, himeneo!
                  Entre el amor en vuestro pecho
                  como en la boda de Teseo.
                  ¡Himen, himen, himeneo!
                  Que cante el cuerpo satisfecho
                  dance la carne en su apogeo.
                  ¡Himen, himen, himeneo!».

Lisídamo   (*Va hacia la casa.*) ¿Por qué tardan tanto
                  en salir esas pesadas? Parece que lo hacen

a propósito. Cuanto más prisa tengo. más despacio van las cosas.

OLIMPIÓN   Amo, tengo hambre. Me suenan las tripas. ¿Cuándo comemos?

LISÍDAMO   ¡Y yo qué sé! Yo también tengo hambre y me aguanto.

OLIMPIÓN   ¿Y si vuelvo a cantar el himeneo, a ver si salen?

LISÍDAMO   ¡Canta, canta fuerte, a ver si te oyen!

OLIMPIÓN   «¡Himen, himen, himeneo! etc ...».

LISÍDAMO   (*Desesperado.*) ¡Nada! Podemos reventar cantando aquí el himeneo, y que no salen.

OLIMPIÓN   (*Se acerca a su amo.*) Pareces un caballo semental, amo, por cómo estás.

LISÍDAMO   (*Se separa del criado.*) Ya sé que te gustaría a ti montar en ese caballo, pero antes te metes la antorcha por donde te quepa.

OLIMPIÓN   No lo quieran lo dioses, amo. ¡Mira! Se abre la puerta. ¡Ya salen!

Escena VI
Músicos, Cleóstrata, Olimpión, Lisídamo, Mírrina, Calino, Esclavas.

Se abre la puerta de la casa de Lisídamo. Pardalisca *y otras* Esclavas *llevan arcos de flores por debajo de los cuales pasa la novia mientras* Mírrina *y* Cleóstrata *le tiran pétalos
de flores.* Cásina *va disfrazada sujetando uno
de los arcos. Con el traje de novia puesto, y
un velo que le cubre la cara, va* Calino. *Una
música acompaña la salida nupcial.*

Cleóstrata   (*A la «novia».*) Levanta el píe derecho para
               ir con buen pie y escucha estos consejos
               que damos siempre las matronas a las jo-
               vencitas en el momento de tomar marido:
               (*Colocan a la novia de rodillas, delante de
               ellas, para darle los consejos.*) Domina siem-
               pre a tu esposo.

Mírrina   Lleva con él la voz cantante y sal victorio-
               sa en las batallas conyugales.

Cleóstrata   No dejes nunca de engañarlo y mentirle.

Mírrina   Y trátalo como a un perro, que es lo que se
               merecen todos.

OLIMPIÓN	(*A su amo.*) Como se propase en lo más mínimo conmigo, se la gana.
LISÍDAMO	Tú, cállate.
OLIMPIÓN	¿Pero oyes lo que le están diciendo?
LISÍDAMO	A ver si ahora que está todo a punto me lo vas a estropear...
CLEÓSTRATA	(*Sigue con sus consejos.*) Dale de comer lo peor que puedas.
MÍRRINA	Y ten un palo gordo en casa preparado por si se acerca...
OLIMPIÓN	¡Que no me caso! ¡Ya está!

(*Se intenta ir.*)

LISÍDAMO	(*Lo sujeta.*) Tú, quieto aquí.
CLEÓSTRATA	Olimpión, ya que la quieres por esposa, tómala. Es pura e inexperta, por favor: trátala con delicadeza.
LISÍDAMO	(*A* OLIMPIÓN.) ¡Cógela! ¿A qué esperas?
OLIMPIÓN	¿No has oído lo del palo?

(*Se quita la corona.*)

LISÍDAMO   El palo te lo voy a dar yo si no vas ahora mismo. ¡Un esclavo y no quiere casarse! Nos casamos los libres, no se van a casar los esclavos. *(Obliga a* OLIMPIÓN *a que coja la mano de la novia.)* ¡Por los dioses, decreto como *pater familia* que ya estáis casados! *(A* CLEÓSTRATA.) Cleóstrata, esposa lo mejor será que los novios se vayan antes de que sea más de noche, pues tienen que ir hasta la finca de campo, no les atraquen por el camino los ladrones... El otro día atracaron al vecino Alcésimo, le quitaron el anillo, la bolsa y la pulsera...

CLEÓSTRATA Claro, cariño. ¿Por qué no vas tú con ellos para protegerlos? Te guardamos la cena para cuando regreses...

LISÍDAMO   No se me había ocurrido... Qué buena idea, querida. Podéis ir comenzando el banquete sin mí.

CLEÓSTRATA Sí, querido. Nosotros celebraremos la fiesta por vosotros. ¡Vamos dentro!

            (Entra en la casa de LISÍDAMO *seguida del cortejo. Los músicos vuelven a su sitio en la orquesta.)*

Escena VII
Lisídamo, Olimpión, Calino vestido de novia.

LISÍDAMO	(*Acercándose dichoso a la «novia».*) ¡Por fin se han ido! ¡Estamos solos! (*La toma de la mano.*) Corazón mío.
OLIMPIÓN	¿Y yo?
LISÍDAMO	Tú, calla. Y quieto ahí. Voy a ver si está preparado el lecho en la casa del vecino.
	(*Entra en la casa del vecino.*).
OLIMPIÓN	¿Qué? ¿Estás contenta? Has tenido suerte casándote conmigo, que lo sepas. (*Se acerca a la supuesta novia, que le da un pisotón.*) ¡Ay!
LISÍDAMO	(*Sale de la casa.*) El lecho ya está. Pero él se quiere quedar a mirar. No hay forma de echarlo.
	(*Gesto de resignación. La novia da un codazo a* OLIMPIÓN.)
OLIMPIÓN	¡Ay, ay ... !
LISÍDAMO	(*A* OLIMPIÓN.) ¿Qué te pasa a ti?

OLIMPIÓN   Me ha dado un pisotón y me ha aplastado el pie. Y, ahora, con un codo. Como una coz de un burro ha sido...

LISÍDAMO   ¡Calla, bestia! (*Va hacia la novia.*) Ella es delicada como una flor de primavera..., ¿verdad, cariño? «Poderosa Venus, gracias te doy por poner a mi disposición este cuerpecito tierno, manjar de dioses». Vamos dentro. (*A* OLIMPIÓN.) Y tú ven para limpiar luego. (*A ella.*) ¡Al lecho!

OLIMPIÓN   Sí, amo.

(LISÍDAMO *entra con la «novia» en casa de* ALCÉSIMO *y detrás va* OLIMPIÓN.)

Escena VIII
Cleóstrata, Mírrina, Pardalisca, Cásina.

Las mujeres, que han estado espiándoles escondidas, salen de casa de LISÍDAMO *riéndose.*

PARDALISCA   Me encantaría poder ver lo que está haciendo la recién casada con su amante.

MÍRRINA   Jamás me había reído tanto en toda mi vida. Por Júpiter, si hasta se me han ido las aguas.

CLEÓSTRATA   A ver si así aprende ese viejo degenerado...

CÁSINA   ¿Y qué pasará cuando trate de desnudar a la novia...?

CLEÓSTRATA   Se va a llevar una buena sorpresa...

MÍRRINA   Yo mandé quitar todas las lámparas como me dijiste, así que estarán en el dormitorio tocándose a oscuras.

PARDALISCA   Lo tendrán que ir descubriendo por el tacto.

CLEÓSTRATA   Y en la oscuridad más de uno se llevará algún golpe.

MÍRRINA   Espero que el mirón de mi marido, que se ha quedado dentro, también tenga su ración.

PARDALISCA   *(Que está vigilando la casa de* ALCÉSIMO.) ¡Cuidado, alguien sale!

Escena IX
Cleóstrata, Mírrina, Pardalisca, Cásina, Olimpión.

Se esconden las cuatro mujeres. Sale OLIM-
PIÓN *tapándose un ojo.*

OLIMPIÓN ¿Qué puñetazo! ¡No me vuelvo a casar nunca más en la vida!

(CLEÓSTRATA *le hace señas a* PARDALISCA, *que
se acerca a* OLIMPIÓN.)

PARDALISCA ¿Qué tal va tu noche de boda, Olimpión?

OLIMPIÓN ¡Fatal! Mira cómo tengo el ojo.

PARDALISCA ¿Y por qué? ¿Es que no te ha dejado el amo
gozar un poco del festín?

OLIMPIÓN Lo único que me he llevado de la novia ha
sido esto.

PARDALISCA ¿A ver? Sí que lo tienes negro, sí. ¿Qué te
ha pasado?

OLIMPIÓN Mientras el amo se estaba bañando para la
orgía, cojo a la novia para consumar el matrimonio. Para eso soy el novio, ¿no?

PARDALISCA	Yo creí que tú tenías otras aficiones, Olimpión.
OLIMPIÓN	Yo le doy igual a la carne que al pescado. Total, que a oscuras porque no se veía nada. «Mi vida», le digo, «deja que te coja...» Le hago carantoñas y caricias, por arriba, bajo la mano... y cogí...
	(Las mujeres que están escuchando detrás se acercan.)
CLEÓSTRATA	Venga, cuenta. ¿qué pasó?
OLIMPIÓN	¡Ama!
CLEÓSTRATA	Sigue. Lo hemos oído todo... ¿Qué es lo que has cogido?
OLIMPIÓN	*(Gesto con las manos.)* Cogí... algo enorme, ama. Al principio creí que era una espada. Era... tal que así...
PARDALISCA	¡No me digas...!
MÍRRINA	¡Huy!, ¿de verdad?
OLIMPIÓN	¡O más! Pero no era una espada, porque no estaba fría. Ni tenía punta. Bueno, un poco de punta sí tenía, pero no pinchaba.
PARDALISCA	¿No sería un nabo?

OLIMPIÓN	No. Más grande.
MÍRRINA	¿Un pepino?
OLIMPIÓN	No era ninguna hortaliza. Fuera lo que fuera era enorme. Y tapaba justo lo que yo andaba buscando...
CLEÓSTRATA	Bueno, ¿y qué paso?
OLIMPIÓN	Ama, cuando veo cerrado el paso de delante, trato de entrar por el de atrás. Sin soltar lo que tenía en la mano, tiro de ello, y da un grito: «¡Ay!». ¡Y me da un puñetazo!
MÍRRINA	¡Qué burro! ¿No?
CLEÓSTRATA	Este tira y el otro le da...

(Se abre la puerta de la casa de ALCÉSIMO.*)*

PARDALISCA	¡Cuidado, que ahí sale el amo!

(Se esconden todos.)

Escena X
Cleóstrata, Mírrina, Pardalisca, Cásina, Olimpión,
Lisídamo, Calino.

Sale LISÍDAMO *de casa de* ALCÉSIMO *a medio
vestir. Las mujeres permanecen escondidas
mirando la escena.*

LISÍDAMO | ¡Qué bochorno! ¡Qué vergüenza más espantosa! (*Al público.*) Si les cuento lo que me ha pasado al ir a meterme en la cama con la mujercita de mi corazón... ¿Que ya lo saben? Pues me lo podían haber dicho y me habrían evitado la escena más ridícula de mi vida. ¡Qué vergüenza! Llego, entro, me acerco bañado y perfumado... «Amor mío, ¿dónde estás que te voy a dar un besito?» Y noto una barba que pinchaba más que un cepillo de cerdas... «Déjame que te toque el busto». ¡Unos pelos tenía en el pecho...! Y luego bajo la mano y me encuentro aquello. Al principio creí que era un bastón, y dije yo: «¿Quién se habrá dejado aquí un bastón?». Pero entonces lo que yo creí la delicada novia me dijo al oído con voz ronca y varonil: «¡Date la vuelta, que vas a ver lo que es bueno!» He salido corriendo y a medio vestir; dispuesto a no volver a cometer infidelidad contra mi esposa en la vida, pase lo que pase.

CLEÓSTRATA   (*Saliendo.*) ¿Qué? ¿Qué tal te ha ido? ¿De dónde vienes así, a medio vestir? (*A los demás.*) Salid, salid todos a ver este espectáculo.

(Salen las mujeres, músicos y esclavos, y rodean a LISÍDAMO. *También se acercan los demás vecinos del pueblo.)*

LISÍDAMO   Trágame, tierra. (*Al público.*) Si alguno de ustedes quiere ponerse en mi lugar, le cambio el sitio encantado. Lo mejor será volver a meterme en la casa del vecino.

(Va hasta la casa de ALCÉSIMO, *y de ella sale* CALINO *a la puerta, con su traje de novia.)*

CALINO   Anda ven. Si quieres que acabemos de pasar nuestra noche de bodas, es el momento. Me has dejado antes en lo mejor.

LISÍDAMO   Estoy entre la espada y la pared...

CALINO   ¿No vienes a la cama cariño? ¿Es que ya no me quieres?

LISÍDAMO   ¡Vete al infierno!

CLEÓSTRATA   ¿No te da vergüenza estar ahí haciendo el ridículo delante de todo el público?

LISÍDAMO	Mujer... fue por Olimpión. Por echarle una mano con la novia. Me dijo que él no sabía, y yo...
OLIMPIÓN	*(Con la mano en el ojo morado.)* Fue el amo, que me dijo que pidiera a Cásina en matrimonio, para gozar él a la novia.
LISÍDAMO	¿Que yo hice eso?
CLEÓSTRATA	No te empeñes en negar lo que es evidente. Lo hemos visto con nuestros propios ojos.
TODOS	¡Sí!
LISÍDAMO	Desde luego, si yo he hecho eso... eso está fatal. Perdona esposa mía por esta vez a tu marido. Mírrina, pídeselo tú, ya que eres amiga suya.
MÍRRINA	*(A* CLEÓSTRATA.*)* Si lo haces, yo perdonaré a mi marido, que por lo que veo no se atreve ni a salir de casa... *(Hacia su casa.)* ¡Sal de ahí, ya, viejo mirón!
ALCÉSIMO	*(Sale agachado tocándose el estómago.)* Me he quedado dentro de casa sin querer, y no he visto nada. Estaba oscuro como boca de lobo, y de pronto alguien me dio una patada en el estómago.
MÍRRINA	Te está bien empleado por mirón, viejo inútil. Te la vas a ganar luego en casa.

LISÍDAMO	La culpa de todo ha sido mía, lo reconozco. Si de aquí en adelante vuelvo a las andadas con Cásina, te autorizo, esposa mía, ante testigos, a que me cuelgues por los pies y me des unos bueno latigazos.
CLEÓSTRATA	Te prometo que así será.
MÍRRINA	Ahora debes perdonarlo, ya que se ha arrepentido.
CLEÓSTRATA	Bueno, lo haré para no alargar más esta comedia, que bastante larga es ya. Pero antes debes pedirle perdón a Cásina.

(Señala a CÁSINA, *que se quita el velo que le cubre la cabeza.)*

LISÍDAMO	Pídeme lo que quieras, y te lo daré gustoso, en prueba de mi buena intención contigo a partir de ahora.
CÁSINA	Te pido que me dejes amar a tu hijo, y casarme con él, ya que es el hombre al que quiero.
LISÍDAMO	*(Avanza hacia los espectadores.)* Lo que me pide la dulce Cásina es bastante difícil ya que, por su condición de esclava, no se puede casar con un hombre libre. Pero como afortunadamente hago dos papeles y también soy el autor de esta obra, puedo cambiar el final a mi antojo en un momento

para que acaben bien las cosas. Para eso es una comedia. Escuchad atentos el desenlace. (*Mirando a* CÁSINA.) ¿Qué es eso que tienes grabado en el pecho, Cásina?

CÁSINA   Es un tatuaje que tengo desde pequeña. Un trébol morado de cinco hojas.

(*Se lo enseña.*).

TODOS   ¡Oh!

MÍRRINA   ¡Por Júpiter! ¡No es posible...! ¡Un trébol de cinco hojas.

ALCÉSIMO   ¡Se lo hicimos grabar a nuestra ruja cuando nació... la que raptaron los piratas... y alejaron de nuestro lado.

MÍRRINA   ¡Eres nuestra hija querida, que llevábamos tanto tiempo buscando! ¡Hija de mi vida!

ALCÉSIMO   ¡Hija!

(MÍRRINA y ALCÉSIMO *abrazan a* CÁSINA.)

LISÍDAMO   ¡Eutinico! Sé que estás ahí escondido viéndolo todo. ¡Ven! Que te necesitamos para el final.

EUTINICO   (*Entra corriendo.*) *Pater*, lo siento, pero no he conseguido hallar en ningún lado un trébol morado de cinco hojas.

LISÍDAMO	Eutinico, ahí tienes tu trébol. Ve junto a él.
CÁSINA	(*Se acerca a* EUTINICO.) Aquí está lo que buscas, junto a mí corazón.
	(*Se abrazan los dos jóvenes. Los músicos tocan una melodía de final feliz. Los demás rodean y felicitan a los enamorados.*)
LISÍDAMO	Aquí falla algo. ¡Olimpión, mostrenco!
OLIMPIÓN	¡Amo!
LISÍDAMO	Alcésimo, te doy el esclavo que te prometí, estamos en paz, Verás lo bien que os va a ir a lo dos.
	(*Los une.*)
COCINERO	(*Golpea con un cazo y una sartén en la puerta de la casa.*) ¿Se puede saber para qué he cocinado yo el banquete de bodas si nadie acude a probar mis afrodisíacos manjares? ¡Está todo a punto y preparado, así que a la mesa! ¡Vivan los novios!
TODOS	¡Vivan!
LISÍDAMO	¡Por fin! ¡Con el hambre que tengo!
CLEÓSTRATA	(*A* LISÍDAMO.) Todos... menos tú. Ese será tu castigo.

LISÍDAMO   Está visto que hoy no como en esa casa.

             (Van todos hacia la casa. Antes de entrar en ella se quedan quietos y LISÍDAMO-PLAUTO *avanza hacia el público, colocándose la corona de laurel en la cabeza.)*

PLAUTO   Dejemos que vayan a disfrutar del banquete nupcial y terminemos aquí nuestra representación. Ha llegado, pues, el momento de que me despida de vosotros, amigos míos. He de volver junto a las estrellas. Que los momentos de risa sean para vosotros más numerosos que los de lágrimas. Y ahora, para que mis colegas autores de allí arriba vean que os ha gustado mi comedia, espero que me despidáis con un fuerte aplauso. ¡Hasta siempre, amigos míos!

             (Suenas músicas, danzan todos alrededor de los amantes. PLAUTO, *alejándose, saluda, y llega el…)*

             Final.

¡Ssssssshhhhhhhhhh!

Haz del teatro algo íntimo
Llévalo siempre en el bolsillo

Cubierta y diseño editorial: Éride, Diseño Gráfico
Dirección editorial: ángel jiménez
Coordinador de la colección: Javier Llanos

Primera edición: julio, 2024

el sorteo de Cásina
© Jesús Ricardo Martín Fernández
© VdB, 2024
Espronceda, 5
28003 Madrid

VdB

ISBN: 978-84-19850-65-2
Depósito Legal: M-15948-2024
Diseño y preimpresión: Éride, Diseño Gráfico

Este libro protege el entorno

el sorteo de Cásina

Traducción:
Jesús Ricardo Martín Fernández

Tito Maccio Plauto

(Sarsina, Umbría, ¿254 a. C.–Roma, 184 a. C.)

Fue un comediógrafo latino.

Se trasladó a Roma de joven y allí fue soldado y comerciante. El amplio conocimiento del lenguaje marinero que atestiguan sus obras confirma que realizó viajes por el Mediterráneo. Se arruinó y tuvo que empujar la piedra de un molino al tiempo que empezaba a escribir comedias adaptadas del griego. Su enorme éxito le valió salir de molinero para consagrarse a este nuevo oficio y murió prácticamente rico con más de setenta años, envuelto en una gran popularidad.

Si bien se le atribuyeron hasta 130 obras, solo 21 se tienen por auténticas: *Anfitrión, Asinaria, Aulularia, Bacchides, Los cautivos, Cásina, Cistellaria, Curculio, Epídico, Estico, Menecmos (o Menaechmi), Mercator, Miles gloriosus, Mostellaria, Poenulus, Pseudolus, Persa, Rudens, Trinummus, Truculentus y Vidularia.*

Las obras de Plauto son menos refinadas pero más cómicas que las griegas. Sus personajes son los mismos que en las comedias griegas: jóvenes alocados y calaveras, cortesanas, alcahuetes, traficantes de esclavos, esclavos astutos que sacan siempre las castañas del fuego a sus señores, comerciantes, viejos verdes y gruñones, parásitos, etc.; el argumento está lleno de situaciones de enredo, engaños y confusiones, pero Plauto añade variedad y originalidad a los temas y a los personajes siempre con la intención de hacer reír al público romano.

PLAUTO

el sorteo de Cásina

Traducción:
Jesús Ricardo Martín Fernández

Primera representación: ¿185? a. C.

Idioma original: latín
¿traducción del Κληρουμενοι de Díphylo?

Lugar de representación: en algún lugar de Italia
años después de su versión original.

Jesús Ricardo Martín Fernández
(Cabañas de Sayago, Zamora, 24-XI-1948)

Filólogo y jubilado Catedrático de Latín de Enseñanzas Medias, su vida profesional estuvo vinculada por igual a la enseñanza y al teatro escolar.

Junto con Beatriz Martín González, fundó y dirigió el grupo de teatro *Sardiña*, especializado en teatro grecolatino, que tuvo una vigencia de 30 años (1982-2012); con este grupo realizó más de 600 representaciones y tuvo en torno a los 240.000 espectadores directos; actuó en los principales teatros romanos de España (Segóbriga, Mérida, Itálica, Sagunto…) así como en otros teatros de primer nivel nacional (Arriaga -Bilbao-, Jovellanos -Gijón-, Ayala -Pamplona-…) y está considerado como uno de los grupos pioneros del teatro escolar, en Enseñanzas Medias, en España.

A lo largo de su vida profesional impartió y dirigió numerosos cursos siempre sobre la importancia del «teatro escolar», en especial el grecolatino.

Obtuvo numerosos premios a nivel local y autonómico, aunque destacan los tres PREMIOS NACIONALES de teatro grecolatino (2006-2007-2009).

Durante los años 2016 y 2017, el Teatro Colón de La Coruña le encomendó la dirección del montaje de *Don Juan Tenorio*.

Es autor de numerosas adaptaciones de obras de teatro grecolatino para grupos escolares y aficionados. Destacan las versiones plautinas publicadas por Ediciones Clásicas de Madrid (*Asinaria, Anfitrión, Cásina, Gemelos* y *Miles Gloriosus*) y las que, durante años, hasta 2020, le publicó la editorial KRK de Oviedo (*Bacantes, Euménides, Miles Gloriosus, Gemelos, Cásina,*

Edipo Rey, Troyanas, Medea…), siendo considerado como uno de los mayores conocedores de la obra del comediógrafo latino T. M. Plauto.

Actualmente colabora con traducciones «literales» con el sello editorial VdB (grupoéride) donde le han publicado *Miles Gloriosus* en 2023.

Está en posesión del «Cardo de Plata» por su contribución teatral a «Hogueras de San Juan», de La Coruña; en el año 2018 el Ministerio de Educación le concedió la Cruz de Alfonso X el Sabio; la Asociación Nacional Escenamateur acaba de galardonarlo con el premio, «en pro del teatro amateur» Juan Mayorga 2023.

Nuestra edición

Para esta traducción nos hemos basado exclusivamente en *T. Macci Plauti Comoediae*, W. M Lindsay, (OXONII, 1968).

Nos ha servido de inestimable ayuda la versión de José Román Bravo, *PLAUTO, Comedias*, (Cátedra 1989).

También hemos tomado nota de algunos comentarios de P. A. Martín Robles, *Comedias* de T. Maccio Plauto, Casa Editorial Hernando.

Para los apuntes de Onomástica, hemos utilizado nuestra Tesina *Onomástica en Plauto*, Universidad de Salamanca, 1975.

En bastantes ocasiones aludiremos a «nuestra adaptación escolar» (*Cásina*, Jesús R. Martín et alii, KRK, EDICIONES, 2016)

El diccionario consultado ha sido A. Blázquez Fraile: *Diccionario latino-español*.

Personajes[1]

OLIMPIO[2]	esclavo
CALINO[3]	esclavo
CLEÓSTRATA[4]	matrona
PARDALISCA[5]	esclava
MIRRINA[6]	matrona
LISÍDAMO[7]	viejo
ALCÉSIMO[8]	viejo
CITRIO[9]	cocinero
EUTINICO[10]	hijo de Lisídamo y Cleóstrata
CÁSINA[11]	esclava adoptada después de ser expuesta

[1] Plauto buscó los efectos cómicos ya en la onomástica de sus personajes. Sus nombres ni eran asépticos ni resultaban indiferentes a los espectadores; unas veces porque el propio nombre indicaba el carácter del personaje, otras porque el nombre estaba utilizado por «antífrasis», con lo que ganaba en fuerza cómica; de lo que no nos cabe la menor duda es que, para un completo conocimiento del Plauto dramaturgo, es necesario prestar atención a lo que dicha onomástica encierra. En el caso de esta obra, el mejor ejemplo de «antífrasis» lo tenemos en el nombre del protagonista. Lisídamo («El Libertador»), lejos de «liberar a Cásina», lo que pretende es esclavizarla para su servicio.

[2] Ολύμπιο: natural de Olimpia. Es frecuente en Plauto utilizar los patronímicos para designar a personajes: «Olimpio».

[3] Χαλινός: «freno», «amarra»: Deseoso de cumplir las órdenes de su joven amo, trata de impedir o de frenar en todo momento las intenciones de Lisídamo y Olimpio: «Freno».

8

⁴ λεοστράτη. De κλεός: «gloria», «fama» y στρατός: «ejército», famoso en el ejército, famoso combatiente: «La Luchadora», «La Belicosa». Nombre perfectamente adecuado al personaje que se pasa toda la obra luchando incansablemente contra su marido.

⁵ De Πάρδαλις: pantera. Lucha cual pantera al lado de su dueña para burlar los planes de Lisídamo. «La Pantera».

⁶ De Μύρρινα: «mirra», «bálsamo». Se comporta como «bálsamo apaciguador» del conflicto familiar y trata de minimizar el problema y, sobre todo, de apaciguar a Cleóstrata. «La Bálsamo».

⁷ De λύω: «liberar» y δῆμος: «pueblo»: el «liberador del pueblo», «el Libertador». A todas luces nombre «por antífrasis», pues, lejos de «liberar a Cásina», de lo que trata es de retenerla para sus amores privados y ocultos.

⁸ De la raíz ἀλκή: «fuerza», «potencia». Ἀλκέσιμος: «El Fuerte», «El Valiente». Otro nombre que se nos antoja «por antífrasis». Alcésimo es un hombre débil que cede a las pretensiones más absurdas de su vecino Lisídamo; por ello es también objeto de las iras de Cleóstrata.

⁹ De «citrus»: limonero; nombre muy adecuado para un cocinero. «Limonero».

¹⁰ Aparece sólo citado en escena (v. 1014). De εὐτυχής: buena suerte y νικέω: el que vence a la misma felicidad. Apropiado para quien se lleva el premio de casarse con Cásina.

¹¹ No sale en escena, aunque se la nombra decenas de veces. De Casinum, ciudad del Lacio.

Prólogo[12]

Deseo salud a los magníficos espectadores, que en tan alta estima tenéis a la Buena Fe y la Buena Fe[13] os la tiene a vosotros. Si dije la verdad, dadme[14] una clara señal para que sepa, ya desde el principio, que sois justos conmigo. Yo considero sabios a quienes disfrutan del vino añejo y a los que asisten gustosos a las viejas comedias. Ya que os gustan las obras y las palabras antiguas es lógico que disfrutéis también de las comedias antiguas; pues las nuevas comedias que se representan ahora son, con mucho, peores que las nuevas monedas; nosotros, después de que, por los comentarios del pueblo, nos hemos enterado de que os gustan las comedias plautinas, hemos montado una antigua comedia suya, que ya

---

[12] NOTA PREVIA: Intentaremos hacer una traducción los más «literal» posible de esta obra plautina; ahora bien, habrá numerosos pasajes en los que será difícil combinarla con una versión «literaria» en español; siempre que sea preciso, la apoyaremos con notas explicativas.

[13] Para Román Bravo -op. cit. nº1- No hay una explicación clara para mencionar a la Bona Fides, personificación de la «buena fe» en los contratos privados. Conjetura que, en origen, podría haber sido la protagonista del prólogo, a semejanza, por ejemplo, del dios Lar en Aulularia.

[14] En nuestra adaptación escolar: «dadnos un fuerte aplauso».

habéis aplaudido los que sois mayores; pues me consta que los más jóvenes no la conocéis[15]; pero nos esforzaremos a conciencia para que la conozcan. Esta comedia, nada más estrenarse, venció a todas las demás. En aquella época floreció lo mejor de los poetas, pero se fueron todos de aquí a un lugar común; aunque ausentes, sin embargo, todavía son de utilidad para los presentes. A todos vosotros os ruego encarecidamente que prestéis atención a nuestra compañía; expulsad de vuestro pensamiento los problemas y las deudas; que nadie tiemble por su exigente acreedor; son vacaciones; también los banqueros disfrutan de las vacaciones; todo está tranquilo; los alciones[16] sobrevuelan alrededor del foro; [los acreedores] usan la cabeza; a nadie le piden el dinero durante las fiestas; después de las fiestas, sin embargo, a nadie devuelven [el dinero]. Si vuestros oídos están vacíos, atendedme: voy a deciros el nombre de la comedia. Se llama Κληρούμενοι en griego; en latín Sortientes[17]. Dífilo la escribió en griego; después Plauto

---

[15] Se puede conjeturar que hay una o dos generaciones entre el estreno (posible 185 a. C.) y la fecha de la representación; es decir, no más de 35/40 años; ¿allá por el 145 a. C.?

[16] Posible chiste del prologuista (aquí «reina la paz») y posible que, efectivamente, estas fiestas coincidiesen con «la época de los alciones»; es decir, en torno al solsticio de invierno, época de bonanza marítima; cuando los alciones construían sus nidos.

[17] Tanto en un caso como en otro: sorteadores.

la escribió de nuevo en latín con un nombre perruno[18]...

Aquí[19] vive un anciano marido; tiene un hijo que vive con su padre en la misma casa; también tiene un esclavo que yace en cama por enfermedad; bueno, ¡por Hércules!, a decir verdad «que se pasa el tiempo en la cama». Este siervo, pero de esto hace ya dieciséis años, observó un día, al amanecer, que exponían a una niña[20]. Se acerca rápidamente a la mujer que la exponía y le pide que se la dé; mejor dicho: le suplica: lo consigue. Inmediatamente la lleva a casa; se la entrega a su ama; le pide que la cuide, que la eduque; la dueña lo hizo; la educó con gran esmero; no muy diferente a como si la hubiese parido ella misma. Después de que la niña creció hasta esa edad en la que puede agradar a los varones, este anciano está locamente enamorado de ella; y

---

[18] Nuestro prologuista se marca un nuevo chiste: Traducimos por «nombre perruno» el «*latrante nomine*» puesto que se llamaba «*canis plautus*» a una raza de perro con las orejas caídas.

[19] *Señalando a un lado*... Prácticamente todas las comedias plautinas tienen el mismo escenario: casa a la derecha, casa a la izquierda y «salida al foro» por el centro; la acción se desarrolla siempre delante de las casas. Son pocas las excepciones, por ejemplo: Mostellaria (Filematia se acicala en la vía pública: Act. I, Esc. III) o Asinaria (Deméneto y Argiripo cenan con Filenia en un interior: Act. V, Esc. I, B). Entre las excepciones está, por ejemplo, Anfitrión, con una sola casa.

[20] La «exposición de niños» (Cistellaria) o el rapto o pérdida (Menaechmi) es frecuente en la temática plautina.

también, por contra, el hijo. Ahora, padre e hijo, cada uno por su lado, preparan a escondidas sus legiones[21] el uno contra el otro. El padre escogió a un esclavo granjero[22] para que pida a la joven por esposa[23]; el anciano espera que, si se le concede, podrá tener *guardias nocturnas*[24] a espaldas de su esposa; el hijo, por el contrario, pidió a su escudero que la pida por esposa; sabe que, si lo consigue, tendrá a la que ama dentro de sus propias habitaciones. La esposa del anciano se enteró de que su marido se ha enamorado de la niña[25] y se ha puesto de parte del hijo. Pero el anciano, después de que se ha enterado de que su hijo también está enamorado de la niña y de que se convierte en un obstáculo para él, inmediatamente ha enviado a su hijo a un largo viaje; la madre, al saberlo, toma, no obstante, partido por el ausente; hoy, en esta comedia, no esperéis al hijo; no regresará a la ciudad; Plauto no lo quiso; ha roto el puente que había en el camino.

---

[21] Es bastante frecuente que Plauto recurra al léxico militar para «ejemplificar» situaciones cómicas, recuerdo de su probable paso por el ejército. En Miles Gloriosus (vv.219-230), por ejemplo, Plauto recurre con frecuencia a este léxico.

[22] *Villicus*, tanto se puede traducir por «capataz», «administrador», «granjero» … optamos por esta última palabra para toda la obra.

[23] En nuestra versión optamos por la palabra «esposa» frente a «marido» para reservar la palabra «mujer» frente a «hombre».

[24] Es decir: noches fuera de casa. De nuevo el léxico militar.

[25] … *operam dare amori*… (v. 58): se ha entregado al amor.

Pero, según creo, hay aquí quienes comentan entre sí: «Pero, por favor, ¿qué es esto, ¡por Hércules!? ¿Bodas entre esclavos? ¿Esclavos que se casan o que solicitan matrimonio? ¡Nos cuentan una novedad que no se hace en ninguno de los países!" Pero yo os digo que esto sucede en Grecia y en Cartago y aquí en mi tierra, en Apulia; y que allí las bodas entre esclavos se suelen celebrar con mayor fastuosidad que las liberales[26]. Si no es así, si alguien quiere, que apueste conmigo un cubo de mulso[27], con la condición de que el jurado sea cartaginés, incluso griego, o, en honor a mí, pullés[28]. ¿A ver, qué? ¿No apostáis nada? ¡Qué pena! Nadie tiene sed.

Vuelvo al tema de la niña expósita, la que dos esclavos, con gran ahínco, piden por esposa; se verá que es una niña honesta y libre, *ingenua*[29] ateniense, que de ningún modo cometerá alguna obscenidad[30], al menos en esta comedia. Pero, ¡por Hércules!, una vez que

---

[26] Entre personas libres.

[27] El «*mulsum*» era vino mezclado con miel; es decir: vino dulce. Difícil la traducción de «urna»: se entiende que es una buena cantidad de vino, ¿un cántaro?, ¿un barril? Ponga el lector lo que crea conveniente.

[28] *Vel mea causa Apullus.* Así sabemos que este «actor» o «director de compañía» era de Apulia.

[29] Hija de un ciudadano libre de Atenas. (Véase: vv. 1013-14).

[30] *Stuprum -i* tiene un amplio espectro, en general acción deshonesta relacionada con el sexo.

acabe la comedia, si alguien paga, como yo
sospecho, rápidamente irá a casarse y no es-
perará a los auspicios[31]. Esto es todo. ¡Adiós!
¡Que os vaya bien! ¡Que venzáis con vuestro
auténtico valor, como hicisteis hasta ahora!

---

[31] El día de la boda se iniciaba a primera hora del día realizando los
auspicios.

Acto I
Escena I
Olimpio, Calino.

OLIMPIO	(*Salen a escena* CALINO *persiguiendo a* OLIMPIO.) ¿Es que no puedo hablar ni pensar en mis asuntos yo solo y como a mí me apetezca sin tenerte de testigo? ¿Por qué me sigues, maldito?
CALINO	Porque estoy decidido a seguirte siempre, como si fuese tu sombra, adonde quiera que vayas. Incluso, ¡por Pólux!, si quieres ser crucificado; la decisión de seguirte está echada. De ahí deduce el resto: a ver si, a base de astucias, puedes o no casarte con Cásina, sin que yo me entere, como intentas.
OLIMPIO	¿Pero a ti qué demonios te importa mi vida[32]?
CALINO	¿Qué dices, majadero? ¿Por qué reptas por la ciudad, granjero de pacotilla[33]?
OLIMPIO	Me apetece.
CALINO	¿Por qué no estás en el campo, en tu territorio? ¿Por qué no te dedicas mejor a lo que es

---

[32] *Quid tibi negotist mecum?* (v. 97) ¿qué tienes que ver conmigo?

[33] *Vilice hau magni preti* (v. 98): granjero de no mucho valor.

tu misión? ¿Por qué no te preocupas de ella y te abstienes de los temas urbanos? Has venido aquí a quitarme a mi prometida[34]. Lárgate al campo, lárgate derecho a tu obligación.

OLIMPIO   No me he olvidado de mis deberes[35], Calino; dejé a quien atienda correctamente el campo; yo, una vez consiga lo que vine a hacer a la ciudad, que es casarme con esta por la que tú enloqueces, la bella y tierna Cásina, tu compañera de esclavitud, y una vez que me haya llevado a mi esposa al campo, permaneceré en el campo y en mi granja.

CALINO   ¿Qué te vas a casar con ella? ¡Por Hércules!, prefiero morir ahorcado antes de que tú lo hagas.

OLIMPIO   Pues ella ya es mía[36]. Ya es momento de que te pongas la soga al cuello.

CALINO   ¿Qué va a ser tuya, saco[37] de estiércol?

OLIMPIO   Sabrás que es así.

CALINO   ¡Ay de ti[38]!

---

[34] A quitarme a mi novia. Blánquez.

[35] *Non sum oblitus officium meum* (v. 104): no he olvidado mi oficio.

[36] Lit: es mi presa.

[37] *Ex sterculino ecfosse*: salido del estiércol.

[38] ¡Maldito seas! (R. Bravo).

OLIMPIO
La de perrerías que te haré, desgraciado, el día de mi boda, si llego [*a ese día*].

CALINO
¿Qué me vas a hacer?

OLIMPIO
¿Qué te voy a hacer? Lo primero de todo, llevarás la antorcha de la recién casada[39], por miserable y nulidad que eres; después, cuando llegues a la granja[40], se te dará un ánfora, un sendero, una fuente, un caldero y ocho tinajas, las cuales, como no estén siempre llenas, te machacaré a golpes; así te haré totalmente encorvado de tanto acarrear agua, de forma que se pueda hacer de ti una grupera[41]. Pero después tú, en el campo, a no ser que comas granza[42] o, cual lombriz, tierra, por mucho que pidas comer cualquier cosa; nunca, ¡por Pólux!, un ayuno ha sido tan ayuno[43] y así te devolveré al campo. Después, cuando estés cansado y hambriento, por la noche, se procurará que duermas conforme tú te mereces.

CALINO
¿Qué harás?

---

[39] La «procesión» desde la casa de la novia a la del novio iba precedida por un familiar portando una antorcha.

[40] En consonancia con *villicus*, diremos «granja» para *villa*.

[41] Es decir: una persona tan encorvada que bien se le puede poner encima una albarda o unas alforjas.

[42] Residuos de grano y paja sólo aptos para animales.

[43] *ieiunium ieiuniumst*, aliteración de difícil traducción.

OLIMPIO   Encerrarte fuertemente en un nicho desde el
            que puedas escuchar cómo la beso, cómo ella
            me dirá: «alma mía, Olimpio mío, vida mía,
            dulzura mía, placer mío, déjame besar tus oji-
            tos, placer mío, déjame amarte, por favor, mi
            día festivo, gorrioncito mío, paloma mía, lie-
            bre mía». Cuando se me digan estas palabras,
            entonces tú, carne de horca[44], cual ratón, te
            revolcarás en medio de la pared. Y ahora, para
            que tú no intentes responderme, me voy den-
            tro; me aburre tu conversación.

CALINO   Te sigo. Ten por cierto, ¡por Pólux!, que no
            harás nada sin que yo lo sepa.

            (*Mutis a casa de* LISÍDAMO.)

---

[44] *Furcifer.* Etimológicamente: portador de horca. Para Blánquez, bri-
bón. Optamos por «carne de horca», por analogía a nuestro «carne de cañón».

Acto II
Escena I
Cleóstrata, Pardalisca.

CLEÓSTRATA   *(Sale de casa acompañada de esclavas.)* ¡Sellad las despensas, traedme el anillo[45]! Yo voy aquí al lado junto a mi vecina; si mi marido me reclama, venid a buscarme aquí.

PARDALISCA   El anciano había ordenado que se le preparase la comida.

CLEÓSTRATA   ¡Chitón! ¡Calla y marcha! Ni yo se la preparo ni hoy se cocina; ya que se enfrenta a mí y a su hijo a causa de su encendido enamoramiento, ¡deshecho humano!, me vengaré de ese amante con el hambre, con la sed, con maldiciones, con venganzas[46]. ¡Por Pólux!, lo atormentaré a base de continuos insultos; haré que tenga la vida de la que se ha hecho digno, ¡pasto del Aqueronte!, ¡vicioso asqueroso[47]!, ¡establo de la maldad!... Ahora me voy aquí a contarle mis penas a la vecina…

---

[45] Los «anillos-llave» surgen ya en época etrusca y destacan por su originalidad, pues fusionaban la funcionalidad con la moda al soldar la llave directamente en el propio anillo.

[46] Mejor en latín: maledictis, malefactis (v. 156): maldiciones, castigos.

[47] *Flagiti persequentem* (v. 160): perseguidor del vicio.

pero crujió su puerta y ... (*Aparece* MIRRINA,
acompañada de esclavas[48].) he aquí que sale
ella en persona; ¡por Pólux!, un instante más[49]
y no llego a tiempo.

---

[48] Dadas las dificultades que genera el reclutar «extras», en nuestra
adaptación escolar prescindimos de todos, salvo los totalmente im-
prescindibles.

[49] *Non per tempus iter incepi* (v. 164).

Escena II
Mirrina, Cleóstrata.

MIRRINA	(*Sale de su casa acompañada de esclavas.*) Seguidme, esclavas[50], hasta la casa de al lado[51]. ¡Eh, vosotras! ¿Es que nadie oye lo que estoy ordenando? Yo estaré ahí si mi marido o cualquier otro me busca, pues cuando estoy sola en casa la labor se me escapa de las manos[52]. ¿Acaso no mandé que me trajeseis la rueca?
CLEÓSTRATA	¡Salud, Mirrina!

(CLEÓSTRATA *pondrá cara de querer llorar.*)

MIRRINA	¡Salud, por Cástor! Pero..., ¡por favor!... ¿Por qué estás triste?
CLEÓSTRATA	Así suelen estar todas las mal casadas. En casa y fuera de casa siempre hay demasiada tristeza. Iba a verte.

---

[50] *Comites* (v.165). Al ser «acompañantes de una matrona, lo traducimos por «esclavas».

[51] *In proximum*. Entendemos que Mirrina inicia camino hacia el centro para hacerse «la encontradiza» con Cleóstrata. «*in proximum*» se refiere siempre a «la casa vecina». (Cf: v. 1013).

[52] Sic para Blánquez. Lit: el sueño defrauda las manos.

MIRRINA   ¡Por Pólux!, yo también iba a verte. ¿Pero qué es lo que ahora te entristece? Pues lo que a ti te entristece también es para mí motivo de tristeza.

CLEÓSTRATA   Lo creo, ¡por Cástor!, pues con razón a ninguna vecina estimo más que a ti ni en la que hay tantas [cualidades] como a mí me gustaría tener.

MIRRINA   Yo te quiero y estoy deseosa de saber qué te pasa.

CLEÓSTRATA   En casa se me desprecia de todos los modos posibles.

MIRRINA   ¿Eh? ¿De qué se trata? Cuéntame, ¡por favor!, pues, ¡por Pólux!, en mi corazón sufro tus desgracias.

CLEÓSTRATA   Mi marido me tiene despreciada con las peores formas y no tengo opción de obtener[53] mis derechos.

MIRRINA   Raro es, si es verdad lo que dices, pues son los maridos los que no pueden obtenerlos ante las esposas.

---

[53] *Opinendi optio est* (v.190). Intentamos mantener la (cómica) aliteración latina.

CLEÓSTRATA   Me exige, contra mi voluntad, a mi peque-
              ña[54] esclava, que es mía, que ha sido educa-
              da a mi costa, para dársela al granjero; pero
              es él quien está enamorado de ella.

MIRRINA   (*Aparta a* CLEÓSTRATA *hacia un rincón de la*
              escena, al lado de su casa.) Por favor, dime,
              pues aquí se puede hablar: estamos solas.

CLEÓSTRATA   ¡Es así!

MIRRINA   ¿Por qué es tuya?[55] Pues a una mujer honra-
              da no le está permitido tener nada a espal-
              das de su marido y, si lo tiene, lo ha conse-
              guido ilegalmente pues o se lo ha robado al
              marido o lo ha adquirido mediante adulte-
              rio. Pienso que es de tu marido todo lo que
              es tuyo.

CLEÓSTRATA   (*Con tono de reproche.*) ¡Tú todo lo que ha-
              blas [va] en contra de tu amiga!

MIRRINA   ¡Calla, idiota, y escúchame! No te enfrentes
              a él, déjalo que ande en amores, déjalo que
              haga lo que le apetezca mientras a ti no te
              falta de nada en casa.

CLEÓSTRATA   ¿¡Pero estás loca!? ¡Contra ti misma estás di-
              ciendo estas cosas!

---

[54] *Ancillulam* (v.193): «esclavita».

[55] *Unde ea tibi est?* (v.197). ¿De dónde la tienes?

MIRRINA   ¡Estúpida! Evita siempre de tu marido esta palabra…

CLEÓSTRATA   (*Cortando.*) ¿Qué palabra?

MIRRINA   «¡Vete fuera, esposa!».

    (*Se oyen ruidos en casa de* LISÍDAMO.)

CLEÓSTRATA   ¡Chitón! ¡Calla!

MIRRINA   ¿Qué pasa? (LISÍDAMO *sale de casa.*)

CLEÓSTRATA   ¡[es] Él!

MIRRINA   ¿Quién es? ¿A quién ves?

CLEÓSTRATA   (*Empujando a* MIRRINA.) Aquí viene mi marido; entra, date prisa, por favor.

MIRRINA   Me lo ordenas; me voy.

CLEÓSTRATA   Después, cuando tengamos más tiempo las dos, iré a hablar contigo. Ahora, adiós.

MIRRINA   Adiós.

    (*Mutis.* CLEÓSTRATA *quedará en una esquina del escenario.*)

Escena III
Lisídamo, Cleóstrata.

LISÍDAMO (*Aparece con cara risueña y llevando un bastón*[56]; *se dirige al público a la altura de su casa.*) Yo creo que el amor[57] es superior a todas las cosas incluso a las preciosas preciosidades[58] y no puede recordarse hasta hoy nada que tenga más sal y más encanto; de verdad que me sorprende mucho que los cocineros, que tantos condimentos usan, no se valgan de ese condimento único que supera a todos los demás; pues donde el amor sea el condimento, creo que esa comida será agradable para cualquiera; nada puede ser sabroso ni suave, donde no se administre el amor; lo que es amargo cual hiel, se hace miel y al hombre lo convierte de triste en alegre y risueño. Esta conjetura la hago más por mí mismo, dentro de casa, que por habladurías; pues, desde que estoy enamorado de Cásina, brillo más, sobrepaso en elegancia a la

---

[56] En la escena final (vv. 963-1018), se alude varias veces al bastón de Lisídamo.

[57] No son infrecuentes las «digresiones» en las comedias plautinas en las que «se aleja» de la acción; aquí (vv. 217-227) se trata de las «ventajas del amor»; antítesis, sin duda, de los «inconvenientes del matrimonio» en *Miles Gloriosus* (vv. 596 y siguientes).

[58] *Nitoribus nitidis* (v. 216).

misma Elegancia[59]; aburro a todos los perfumistas y, cuando encuentro el mejor perfume, me perfumo para agradarle a ella y le agrado según creo, pero mi esposa me atormenta porque vive… (*Repara en* CLEÓSTRATA.) … Veo que está ahí enojada… tengo que hablarle dulcemente a este mal bicho. (*A* CLEÓSTRATA.) Esposa mía y mi dulzura[60], ¿qué haces [*por aquí*]?

(*Intenta abrazarla.*)

CLEÓSTRATA   (*Dándole un manotazo.*) ¡Lárgate y quítame la mano [*de encima*]!

LISÍDAMO   ¡Eh! Juno mía, no está bien que te muestres tan irritada con tu Júpiter. (CLEÓSTRATA *inicia mutis.*) ¿Adónde vas ahora?

CLEÓSTRATA   ¡Déjame!

LISÍDAMO   ¡Quédate!

CLEÓSTRATA   ¡No me quedo!

LISÍDAMO   Pues, ¡por Pólux!, yo te seguiré.

CLEÓSTRATA   Por favor… ¿estás en tu sano juicio?

---

[59] *Personificación (¿deificación?) cómica.*

[60] *Uxor mea meaque amoenitas* (v. 229). Plauto es muy dado a los juegos de palabras, el quiasmo es uno de ellos.

LISÍDAMO   Lo estoy… porque te amo…

CLEÓSTRATA   ¡No quiero que me ames!

LISÍDAMO   ¡No puedes impedirlo!

CLEÓSTRATA   ¡Me matas!

LISÍDAMO   (*Aparte.*) Ya me gustaría que lo dijeras de verdad.

CLEÓSTRATA   (*Lo oye y se encara amenazante a* LISÍDAMO.)
              ¡Bien te creo lo que dices!

LISÍDAMO   (*Sumiso.*) ¡Vuelve a mirarme, cariñito mío!

CLEÓSTRATA   (*Volviéndose airada.*) ¡Sin duda «tu cariño» como tú «mi cariño»! (*Aspira fuerte el ambiente «sin saber» de dónde viene el olor.*) ¿Pero de dónde vienen estos perfumes?

LISÍDAMO   (*Aparte mientras se cubre la cabeza.*) ¡Maldita sea[61]! ¡Me ha descubierto[62]! Intento tapar la cabeza con el manto. (*Dirigiéndose a uno del público[63].*) ¡Que el buen Mercurio[64] te arruine, perfumista, por venderme estos perfumes!

---

[61] Así traduciremos esta expresión (*¡oh, perii!*, v. 236) usada con frecuencia por Plauto.

[62] *Manufesto miser teneor* (v.236): claramente me considero un desgraciado.

[63] Entendemos que la inmensa mayoría de los apartes plautinos van dirigidos al público. En este caso concreto, la comicidad será mucho

CLEÓSTRATA (*Zarandeándolo.*) ¡A ver, tú, nulidad, mosquito con canas, apenas me contengo para no decirte todo lo que mereces! ¿Cómo te atreves, a tu edad, a caminar por las calles oliendo a perfume, inútil?

LISÍDAMO (*Sumiso.*) ¡Por Pólux! Estuve ayudando a un amigo mientras compraba perfumes…

CLEÓSTRATA (*Cortando.*) ¡Qué rápido encontraste la excusa! ¿Es que no te da vergüenza?

LISÍDAMO (*Sumiso.*) Lo que tú quieras.

CLEÓSTRATA ¿En qué burdeles te acostaste?

LISÍDAMO (*Reaccionando digno.*) ¿Yo en burdeles?

CLEÓSTRATA ¡Sé más de lo que tú te crees!

LISÍDAMO ¿De qué se trata? ¿Qué es lo que sabes?

CLEÓSTRATA ¡Que de todos los viejos no hay ningún viejo más sinvergüenza que tú! ¿De dónde vienes, nulidad? ¿Adónde fuiste? ¿Dónde te

---

mayor si el actor se dirige directamente a un espectador en vez de «evocar» a un teórico perfumista. Lo hemos constatado en nuestras numerosas representaciones de la obra.

[64] Mercurio, dios mensajero y de los comerciantes (¡y de los ladrones!) Cfr. Anfitrión (v. 19).

has acostado? ¿Dónde bebiste? Vienes borracho, ¡por Cástor! ¡Mira que arrugado traes el manto!

LISÍDAMO   ¡Que los dioses me castiguen, y a ti también[65], si introduje hoy una gota de vino en mi boca!

CLEÓSTRATA   ¡Al revés! ¡Venga! ¡Haz lo que te apetezca! ¡Come, bebe, dilapida el patrimonio!

LISÍDAMO   ¡Eh! ¡Ya está bien, esposa! ¡Reprímete! ¡Gritas demasiado! Deja un poco de conversación para mañana cuando vuelvas a reñir conmigo. Pero... ¿qué me dices? ¿Has cambiado de opinión para que se haga lo que quiere tu marido o todavía estás en contra?

CLEÓSTRATA   ¿De qué se trata?

LISÍDAMO   ¿Me lo preguntas? De la esclava Cásina, de que se case con nuestro granjero, un esclavo honrado y donde tendrá leña, agua caliente, comida, vestidos, podrá educar a cuantos hijos tenga[66]; mejor que dársela a ese esclavo inútil, un escudero despreciable y desvergonzado, un hombre que a fecha de hoy no tiene por riqueza ni siquiera una moneda de plomo.

---

[65] *Di me et te infelicent* (v.246): que los dioses traigan la desgracia para mí y para ti.

[66] *Pueros quos pariat* (v. 256) Lit: a los hijos que parirá.

CLEÓSTRATA	Qué raro que tú, en tu vejez, te hayas olvidado de tu obligación.
LISÍDAMO	¿De qué se trata?
CLEÓSTRATA	Porque, si hicieras lo correcto y lo apropiado, me dejarías encargarme de las esclavas, como es mi misión.
LISÍDAMO	¿¡Y por qué, ¡maldita sea!, te apetece entregársela al escudero!?
CLEÓSTRATA	Porque es necesario favorecer a nuestro único hijo.
LISÍDAMO	Pero, aunque es hijo único, él no es más hijo único mío que yo padre único suyo; es más justo que él ceda ante mí a las cosas que quiero conseguir.
CLEÓSTRATA	¡Venga, hombre! ¡Por Cástor!... Algo malo estás tramando…
LISÍDAMO	(*Aparte.*) Lo ha olido, lo presiento. (*A* CLEÓSTRATA.) ¿Quién, yo?
CLEÓSTRATA	¡Tú! ¿Por qué tiemblas si no? ¿Por qué estás tan nervioso[67]? ¿Por qué deseas esto con tanto deseo[68]?

---

[67] *Nam quid friguttis* (v. 267): ¿pues por qué balbuceas?

[68] *… tam cupide cupis…* (v. 267): tan deseosamente deseas…

Lisídamo	Para que se le entregue a un siervo honrado mejor que a un siervo desvergonzado.
Cleóstrata	¿Y si yo le pido y ruego al granjero que, en atención a mí, se la ceda al otro?...
Lisídamo	... (*Parodiando.*) ¿Y si yo le pido al escudero que me la ceda?... ¡Y esto creo conseguirlo!
Cleóstrata	De acuerdo. ¿Quieres que le diga a Calino que lo llamas aquí fuera?
Lisídamo	¡Claro que quiero!
Cleóstrata	En breve estará aquí. Ahora veremos quién de nosotros es más persuasivo. (*Mutis.*)
Lisídamo	(*Dando corte de mangas hacia su casa.*) ¡Que Hércules y todos los dioses te destruyan! (*Aparte al público.*) Ahora puedo hablar tranquilo. Me consumo de amor como un idiota, pero ella se me opone con todas sus artimañas[69]. Mi esposa ya sospecha lo que estoy maquinando y por esta razón da rienda suelta a su empeño a favor del escudero. (*Dirigiéndose de nuevo hacia su casa.*) ¡Que todos los dioses y diosas te maldigan!

---

[69] ...*quasi ob industriam* (v. 276): deliberadamente.

Escena IV
Calino, Lisídamo.

CALINO	(*Entra con aires chulescos.*) Tu esposa me dijo que me llamabas.
LISÍDAMO	Sí; ordené llamarte.
CALINO	Cuéntame qué quieres.
LISÍDAMO	(*Furioso.*) ¡Lo primero que quiero es que hables conmigo con el ceño desarrugado[70]! ¡Es una estupidez estar enfadado delante de quien es más poderoso! (*Cambiando de tono; muy zalamero.*) ... Desde hace tiempo vengo observando que eres una persona honrada y discreta...
CALINO	(*Aparte.*) Ya entiendo. (*A* LISÍDAMO, *jocoso.*) Pues si lo piensas así... ¿por qué no me manumites?
LISÍDAMO	(*Contemporizador.*) ¡Tras ello ando! ... Pero de nada vale lo que yo quiero hacer... si tú no colaboras con tus actos...

---

[70] *Porrectiore fronte* (v. 281): es decir, «con la cabeza alta».

CALINO	*(Simulando intriga.)* ¡Estoy ansioso por saber qué es lo que quieres!
LISÍDAMO	*(Dubitativo.)* Escucha … te lo diré … yo le prometí a nuestro granjero … darle a Cásina por esposa…
CALINO	*(Cortando enérgico.)* ¡Pero tu esposa y tu hijo me la prometieron a mí!
LISÍDAMO	*(Conciliador.)* Lo sé …, ¿pero prefieres vivir soltero siendo un hombre libre o casado siendo un esclavo tú y todos tus hijos? Esta opción es tuya; escoge qué condición prefieres…
CALINO	Si fuese libre, tendría que vivir a mi costa; ahora vivo a costa tuya. Sobre Cásina… estoy resuelto a no cedérsela a nadie.
LISÍDAMO	*(Colérico.)* ¡Vete dentro y saca de casa rápidamente a mi esposa y trae contigo la urna con el agua y las bolas!
CALINO	Me parece bien.
LISÍDAMO	Yo, ¡por Pólux!, resolveré este barullo de una forma u otra[71]; si así no puedo conseguir nada, al menos lo echaré a suertes.

---

[71] *istam iam aliquovorsum tragulam decidero* (v. 297): lit: desviaré este dardo hacia un lado u otro.

CALINO   (*Sarcástico.*) Pero me tocará la suerte…

LISÍDAMO   (*Cortando furioso.*)… ¡De que mueras cruci-
ficado¡ ¡Por Pólux!

CALINO   (*Arrogante.*) Se casará conmigo, maquines lo
que te apetezca.

LISÍDAMO   (*Fuera de sí.*) ¿¡Desaparecerás de mi vista!?

CALINO   A disgusto me soportas, pero viviré…

(LISÍDAMO *va tras él amenazador sin dejarlo*
terminar; CALINO *escapa a mutis.*)

LISÍDAMO   (*Solo en escena; de nuevo se dirige a los espec-*
tadores.) ¿Acaso no soy un desgraciado? ¿Aca-
so no me vienen todas las adversidades? Ya
me temo que mi esposa haya convencido a
Olimpio para que no se case con Cásina. Sí
así ha sucedido, aquí tenéis a un anciano derrotado; si no lo ha conseguido, todavía tengo esperanzas en el sorteo, pero si la suerte
me degollase, haré de mi espada un colchón
y en él me acostaré[72]. (*Se abre la puerta de la*
casa y sale OLIMPIO.) Pero he aquí que se acerca muy oportunamente Olimpio.

---

[72] Una forma de «suicidio romano» consistía en clavar la espada en
tierra por la parte de la empuñadura y arrojarse sobre ella.

Escena V
Olimpio, Lisídamo.

OLIMPIO   (*O «hablando solo» o «dirigiéndose» a* CLEÓS-
TRATA *y mirando para la casa.*) ¡Por Pólux!
¡Méteme, de una vez, en un horno caliente
y tuéstame allí como si fuera pan dorado antes de conseguir de mí lo que pides, ama!

LISÍDAMO   (*Aparte.*) ¡Estoy salvado! ¡Está salvada mi esperanza por las palabras que oigo!

OLIMPIO   (*Sigue hablando hacia dentro.*) ¿Pero, ama,
por qué me estás amenazando constantemen-
te[73] con mi libertad? ¡Aunque tú no quieras
ni tampoco tu hijo, en contra de vuestra voluntad y a despecho vuestro puedo hacerme
libre con un solo as[74]!

LISÍDAMO   ¿Qué pasa, Olimpio? ¿Con quién riñes?

OLIMPIO   Con la misma con la que tú [*riñes*] siempre.

LISÍDAMO   ¿Con mi esposa?

---

[73] *Tua, era, libertate territas* (v.313): *territo*: frecuentativo.

[74] Es decir: «puedo comprar mi libertad por cuatro monedas».

OLIMPIO	¿Qué es eso de «mi esposa»? Tú, sin duda, eres como un cazador: vives día y noche con una perra.
LISÍDAMO	¿Por qué? ¿Qué te ha dicho?
OLIMPIO	Me pide, me suplica que no me case con Cásina.
LISÍDAMO	¿Y tú qué le has respondido?
OLIMPIO	Negué que se la concediera incluso al propio Júpiter, aunque él en persona me lo pidiera
LISÍDAMO	¡Que los dioses te conserven para mí[75]!
OLIMPIO	Ahora está totalmente irritada contra mí; está que revienta.
LISÍDAMO	Bien la querría, ¡por Pólux!, medio reventada[76].
OLIMPIO	¡Por Pólux!, lo creo factible…, si es que tú [todavía] estás de buena cosecha. Pero, ¡por Pólux!, este enamoramiento tuyo me está resultando odioso. Enemiga me es tu esposa, enemigo tu hijo, enemigos el resto de familiares.

---

[75] Obsérvese la comicidad de este verso (v. 324): que te conserven porque eso me beneficia a mí.

[76] ¿O «reventada por la mitad»? (v. 326) Admitimos la opinión de Román Bravo de que se trate de una alusión obscena, máxime viendo la respuesta (¿también obscena?) de Olimpio.

LISÍDAMO   ¿Y a ti eso qué te importa? Mientras te sea propicio este Júpiter de aquí, desprecia estos dioses menores.

OLIMPIO   ¡Qué tontería más grande![77] Bien sabes tú que estos dioses humanos mueren de repente; si en algún momento eres tú ese Júpiter muerto, cuando regrese tu reino a los dioses menores, ¿quién protegerá mi espalda, mi cabeza, mis piernas?

LISÍDAMO   Tu situación te va a ir mejor de lo que crees[78] si conseguimos que me acueste con Cásina.

OLIMPIO   No creo que sea posible, ¡por Hércules!, tal es el empeño que pone tu esposa en que no se me conceda.

LISÍDAMO   Pues haré así: echaré las bolas[79] en la urna y os sortearé a ti y a Calino. A tal punto ha llegado la situación que es necesario desenvainar espadas y luchar hasta el final[80].

OLIMPIO   ¿Y qué pasa si la suerte sale al contrario de lo que quieres?

---

[77] *Nugae sunt istae magnae* (v. 333): estas son grandes bobadas.

[78] *Opinione melius res tibi habet tua* (v. 338): tu situación está mejor que tu opinión.

[79] *Sortis* (v. 341) es decir: «las bolas de la suerte».

[80] Aquí entendemos, como Román Bravo, que se trata de aludir a la «segunda fase» del combate de la legión romana, cuando se luchaba con las espadas.

LISÍDAMO	¡Augura bien![81] Tengo confianza en los dioses, confiemos en ellos.
OLIMPIO	Esta palabra yo no la compraría ni por un céntimo[82]. Todos los mortales confían en los dioses, pero he visto quedar decepcionados a muchos que confiaron en los dioses.
LISÍDAMO	¡Chitón! ¡Calla un momento!
OLIMPIO	¿Qué quieres?
LISÍDAMO	He aquí que sale Calino con la urna y las bolas; ahora tenemos que entrar a saco[83].

---

[81] Una buena traducción sería: «¡No seas gafe!»

[82] *Tit'ibilico* (v.346): insignificancia, nadería.

[83] *Conlatis signis*: (v.352) Con las enseñas replegadas. Es decir: es momento de callar y actuar.

Escena VI
Cleóstrata, Calino, Lisídamo, Olimpio[84].

CLEÓSTRATA   (*Aparte a* CALINO, *mientras* OLIMPIO *y* LISÍDA-MO «*escuchan*» *con descaro.*) Calino, dime qué quiere de mí mi marido.

CALINO   (*Aparte a* CLEÓSTRATA.) Verte, ¡por Pólux!, ardiendo muerta a las afueras de la puerta[85].

CLEÓSTRATA   (*Aparte a* CALINO.) Bien me creo que lo quiere, ¡por Cástor!

CALINO   (*Aparte a* CLEÓSTRATA.) Pues yo, ¡por Pólux!, no lo creo, tengo la certeza absoluta.

LISÍDAMO   (*Aparte a* OLIMPIO.) Tengo en mi casa más especialistas de lo que pensaba: ¡tengo a este adivino! ¿Te parece que enarbolemos banderas y

---

[84] Tenemos por delante una de las típicas escenas plautinas (vv. 352/423) en las que la comicidad se repite una y otra vez y la escena se alarga y se alarga. Para el espectador actual pueden resultar demasiado repetitivas o, incluso, barrocas; véase, a modo de ejemplo, Anfitrión (vv. 153-462).

La escena que sigue no es fácil interpretarla y, de hecho, no coinciden los diversos autores. La versión que damos aquí viene avalada por los múltiples montajes que hemos hecho a lo largo de más de 40 años con nuestros grupos de teatro.

[85] … De la Puerta Mecia; es decir, fuera de las murallas de la ciudad, donde se cremaba a la gente pobre.

salgamos a su encuentro? ¡Sígueme! (*Caminan hacia el centro y se juntan a* CLEÓSTRATA *y* CALINO. LISÍDAMO *interviene.*) ¡Hola!, ¿cómo estáis?

CALINO   Aquí están todas las cosas que pediste: la esposa, las bolas, la urna y hasta yo mismo.

OLIMPIO   Hay algo más de lo que yo necesito: eres tú.

CALINO   Eso es lo que te parece, ¡por Pólux!, ahora soy un aguijón para ti y traspaso tu corazoncito; ¡ya estás sudando de miedo, majadero!

LISÍDAMO   ¡Cállate, Calino!

CALINO   ¡Haz callar a este!

OLIMPIO   ¡Al revés! A él que ya aprendió a dar[86].

LISÍDAMO   (*A* CALINO.) Pon aquí la urna; dame las bolas. (*A todos.*) ¡Atended! (*A* CLEÓSTRATA.) Yo pensé que podía conseguir esto de ti, esposa mía: que Cásina me fuese concedida como esposa; y todavía ahora pienso…

CLEÓSTRATA   (*Cortando airada.*) ¿¡Concedértela a ti!?

---

[86] De nuevo el lenguaje con doble sentido: *comprimere*: hacer callar/violar, *dare*: dar algo/ofrecer una parte del cuerpo. Con toda seguridad que el espectador entendía perfectamente el significado obsceno del diálogo.

LISÍDAMO   (*Nervioso.*) Eh… bueno … a mí… ejem, no quise decir esto… cuando dije «a mí» quise decir «a este» … y mientras la deseo… ¡mierda!... me confundo de nuevo al hablar, ¡por Hércules!

CLEÓSTRATA   (*Sarcástica.*) ¡Por Pólux! También al actuar.

LISÍDAMO   A este… al revés, ¡por Hércules!, a mí… ¡Aj! ¡Otra vez vuelvo a equivocarme[87]!

CLEÓSTRATA   (*Sarcástica.*) ¡Por Pólux!, te confundes constantemente.

LISÍDAMO   ¡Eso sucede cuando deseas algo con tanta ansiedad! Pero uno y otro, o sea, los dos, en atención a tu derecho[88], te pedimos…

    (*En suspenso sin «atreverse» a continuar.*)

CLEÓSTRATA   ¿De qué se trata?

LISÍDAMO   Te lo diré, cariñito mío[89]: se trata de Cásina…, de que se la entregues a nuestro granjero.

---

[87] *Tandem redii vix veram in viam* (v.369). Lit: a duras penas vuelvo al camino correcto. Con estas «incongruencias» Plauto logra remarcar el «nerviosismo» de Lisídamo a la hora del sorteo.

[88] *Tuo pro iure* (v.371), es decir: «sabemos que te corresponde a ti decidir, por eso te rogamos…».

[89] *Mulsa mea*: literalmente: ¡hidromiel mía! Es evidente el sentido cómico de la expresión.

CLEÓSTRATA   (*Cortando enérgica.*) ¡Por Pólux! ¡Ni lo hago ni pienso hacerlo!

LISÍDAMO   ¡Entonces yo los sortearé a los dos!

CLEÓSTRATA   ¿Quién se opone[90]?

LISÍDAMO   En justicia considero que esto es lo mejor y lo más equitativo; si, al final, resulta lo que queremos, nos alegraremos; si es al revés, lo soportaremos estoicamente. (*Le da una bola a* OLIMPIO.) Esta es para ti, mira a ver qué [*número*] está escrito.

OLIMPIO   (*Mientras* LISÍDAMO *se dirige a darle la otra a* CALINO.) ¡El uno!

CALINO   (*Cogiendo la bola.*) ¡Es injusto que este haya escogido la bola antes que yo!

LISÍDAMO   (*Muy «pacientemente» accede a cambiar las bolas.*) ¡Toma esta, si lo prefieres!

CALINO   De acuerdo... ¡Espera! Ahora que lo pienso: (*A* CLEÓSTRATA.) ¡Mira a ver no sea que ya haya otra bola en el agua!

LISÍDAMO   (*Dándole una bofetada.*) ¡Carne de látigo! ¿Piensas que soy como tú?

---

[90] Se entiende que tanto Calino como Olimpio hacen gestos de que no se oponen al sorteo.

CLEÓSTRATA (*Asomándose a la urna.*) No hay ninguna. (*A* CALINO.) Estate tranquilo.

CALINO («*Suplicante*».) ¡Que el bien y la fortuna me acompañen!

OLIMPIO Creo, ¡por Pólux!, que te ocurrirá una gran desgracia; conozco bien tu devoción[91]. ¡Pero aguarda un momento! ¿Esta bola tuya es de chopo[92] o de abeto?

CALINO ¿Por qué te preocupas?

OLIMPIO Porque temo que en el agua flote más.

LISÍDAMO ¡Tonterías! Atended: echad los dos las bolas en el agua. (*A* CLEÓSTRATA.) Ahí tienes, esposa, lo justo.

OLIMPIO (*Aparte a* LISÍDAMO.) ¡No te fíes de tu esposa!

LISÍDAMO (*A* OLIMPIO.) Estate tranquilo.

OLIMPIO (*A* LISÍDAMO.) Creo, ¡por Hércules!, que como toque hoy las bolas las hechizará.

LISÍDAMO ¡Calla!

---

[91] Es decir: eres un descreído; no te vale de nada el rezar.

[92] Maderas de poco peso, sobre todo el chopo, que subiría antes a la superficie.

OLIMPIO   Callo. («*Suplicante*».) ¡Pido a los dioses!…

CALINO   (*Cortando e imitando.*) … ¡Que lleves el perro y la horca[93]!

OLIMPIO   … («*Suplicante*».) … ¡Que la suerte me sea favorable!

CALINO   … (*Cortando e imitando.*) … ¡Que cuelgues por los pies!…

OLIMPIO   … («*Suplicante*».) ¡Que expulses por las narices los ojos de tu cabeza! …

CALINO   ¿Por qué estás nervioso? Creo que ya tienes preparada la soga…

OLIMPIO   (*Atacando.*) ¡Te voy a matar[94]!

LISÍDAMO   ¡Atended los dos!

OLIMPIO   Vale, me callo.

LISÍDAMO   (*Aparte a* CLEÓSTRATA.) Ahora tú, Cleóstrata, para que no pienses mal de mí o sospeches

---

[93] El perro (*canis*) era una cadena de hierro con la que se ataba a los esclavos y la horca (*furca*) un instrumento formado por dos palos que rodeaban el cuello para transportar peso y también como castigo (Cfr. Román Bravo, nota 26).

[94] Periisti (v. 393) Ya hemos traducido *perii* por ¡maldita sea! En consonancia, este *periisti* bien podría traducirse por un insulto; «hijo de perra», por ejemplo.

que he hecho algo malo[95], te lo permito: coge tú misma la bola.

OLIMPIO   (*Aparte a* LISÍDAMO.) ¡Me arruinas!

CALINO   (*Aparte a* CLEÓSTRATA.) ¡Él gana[96]!

CLEÓSTRATA   (*Aparte a* LISÍDAMO.) Gracias.

CALINO   («*Suplicante*».) ¡Pido a los dioses!... (*Aparte a* OLIMPIO, *sarcástico*.) que tu bola se haya escapado de la urna.

OLIMPIO   (*Aparte a* CALINO.) ¿¡Qué dices!? ¿Porque tú eres un fugitivo, quieres que todos te imiten? Ojalá que tu bola se disuelva al cogerla, como dicen, en otro tiempo, de los descendientes de Hércules[97].

CALINO   (*Aparte a* OLIMPIO.) Ojalá te disuelvas tú mismo, pues te calentarás a base de latigazos.

LISÍDAMO   Olimpio, calla ya.

---

[95] Es decir: que hago trampas.

[96] Comprensible el temor de Olimpio de que Cleóstrata haga trampas; no se entiende, en cambio, los temores de Calino.

[97] Según la leyenda narrada por Pausanias en su *Meseniaca*, Cresfontes, descendiente de Hércules, hizo trampa en un sorteo. Sorteaba con sus hermanos el Peloponeso y la última bola en salir correspondía a Mesenia, región a la que él aspiraba. Metió en la urna un trozo de tierra que, naturalmente, se disolvió en el agua.

Olimpio	Si me deja este letrado...[98].
Lisídamo	(«*Suplicante*».) ¡Que el bien y la fortuna me acompañen!
Olimpio	¡Y a mí también!
Calino	¡No!
Olimpio	Sí, ¡por Hércules!
Calino	¡Al revés! ¡A mí!
Lisídamo	(*Aparte a* Calino, *señalando a* Olimpio.) Este vencerá, tú vivirás hecho un desgraciado (*A* Olimpio, *señalando a* Calino.) ¡Pártele la cara a este repugnante! (*Interpretamos que es* Calino *quien le da la bofetada a* Olimpio[99]. *Aparte a* Calino.) ¡Eh! ¿¡Qué pasa!? ¡Cuídate de ponerle la mano encima!
Olimpio	(*Dolorido. Aparte a* Lisídamo.) ¿Le doy una bofetada o un puñetazo?
Lisídamo	Haz como quieras.

---

[98] Juego de palabras o chiste de Plauto: *litteratus* tanto podía ser el *magister litterarum* como el esclavo marcado en la frente con las letras del delito cometido. Sin duda una burla a Calino que acaba de demostrar su erudición mitológica aludiendo a la leyenda de los descendientes de Hércules. En nuestros montajes utilizamos la palabra *listillo*.

[99] Y así lo hemos desarrollado en nuestros montajes.

OLIMPIO   (*Aparte a* CALINO, *abofeteándolo.*) ¡Toma!

CLEÓSTRATA   (*Interponiéndose. A* OLIMPIO.) ¿Por qué lo abofeteas?

OLIMPIO   Porque me mandó mi Júpiter.

CLEÓSTRATA   (*A* CALINO.) ¡Golpea su mandíbula, como él, en respuesta!

OLIMPIO   (CALINO *golpea a* OLIMPIO.) ¡Ay! (*A* LISÍDAMO.) ¡Me matan a golpes, Júpiter!

LISÍDAMO   (*Aparte a* CALINO.) ¿Por qué lo abofeteas?

CALINO   Porque me mandó mi Juno.

LISÍDAMO   (*Aparte al público.*) ¡Hay que aguantarse! Pues, aunque todavía estoy vivo, mi esposa tiene el mando.

CLEÓSTRATA   (*Aparte a* LISÍDAMO.) Tanto derecho tiene a hablar el uno como el otro.

OLIMPIO   (*Aludiendo a* CALINO.) ¿Y por qué se burla de mis augurios?

LISÍDAMO   (*A* CALINO.) ¡Ojo, Calino, creo que te va a ir mal!

CALINO   (*Quejoso.*) ¡Ahora!... Después de que mi cara ha sido atacada...

LISÍDAMO (*A* CLEÓSTRATA.) A ver, esposa, saca la bola; vosotros, estad atentos. (*Aparte al público.*) Es tal el miedo que tengo que ya no sé ni quién soy. ¡Maldita sea! Creo que se me hincha el corazón; está saltando y golpea mi pecho con fuerza.

CLEÓSTRATA ¡Ya tengo una bola!

LISÍDAMO ¡Sácala!

CALINO (CLEÓSTRATA *mira la bola y hace una seña de tristeza a* CALINO[100].) ¿Estoy muerto?

OLIMPIO ¡Enséñala! (*Se la arrebata a* CLEÓSTRATA *y salta de alegría.*) ¡Es la mía!

CALINO ¡Mala cruz te cuelgue!

CLEÓSTRATA Calino, has perdido

LISÍDAMO (*Abrazándose a* OLIMPIO.) ¡Olimpio! ¡Como me alegro de que los dioses nos hayan ayudado!

OLIMPIO ¡Gracias a mis oraciones y a las de mis antepasados[101]!

---

[100] Escena relativamente fácil de leer y muy difícil de representar. En nuestros montajes siempre hemos barajado la hipótesis de que Cleóstrata saca una bola, la mira, la mete de nuevo en el agua y saca la que hace vencedor a Olimpio. ¿Por qué? Muy sencillo: Cleóstrata sabe las intenciones de su marido y la única forma de chasquearlo es «declararlo vencedor» para luego humillarlo.

LISÍDAMO (*A* CLEÓSTRATA.) ¡Ve dentro, esposa, y haz los preparativos para la boda!

CLEÓSTRATA (*A* LISÍDAMO.) Haré como ordenas.

LISÍDAMO (*Aparte a* CLEÓSTRATA *como restando importancia.*) Por cierto…, ¿tú has reparado en que de aquí hasta la granja hay un largo trecho por el que hay que ir?

CLEÓSTRATA ¡Lo sé!

LISÍDAMO (*Cambiando de conversación como de forma instintiva.*) ¡Ve dentro y, aunque te desagrade, haz los preparativos!

CLEÓSTRATA Está bien.

(*Mutis.*)

LISÍDAMO (*A* OLIMPIO.) Vamos dentro también tú y yo. ¡Hay que meter prisa[102]!

OLIMPIO ¿Acaso me retraso yo?

LISÍDAMO ¡Va, venga! (*Señalando a* CALINO.) Delante de este no quiero decir nada.

(*Mutis de ambos.*)

---

[101] Lit: ha sucedido por mi piedad y por la de mis antepasados.

[102] *Hortemur ut properent* (v. 422). Animemos a que se den prisa

Escena VII
Calino.

CALINO (*Solo en escena; directamente al público.*) Si ahora me ahorcara, sería un trabajo estúpido[103], y, además de eso, tendría que comprar cuerda y sería el hazmerreír de mis enemigos[104]. ¿Y qué falta hace si ya estoy muerto? He sido derrotado en el sorteo; Cásina se casará con el granjero. Pero el que haya vencido el granjero no es lo más desagradable, sino con qué empeño ha deseado el viejo que no se me concediera [*a Cásina*] para que me casara con ella. ¡Cómo temblaba! ¡Cómo se alegraba el muy miserable! ¡Cómo saltaba después de que el granjero ganó! (*Voces dentro.*)[105] ¡Eh! (*Escondiéndose en una esquina del escenario.*) Me esconderé aquí, oigo puertas que se abren, (*Aparecen festivos* LISÍDAMO *y* OLIMPIO.) salen mis queridos amigos[106]. Desde aquí responderé con engaño a sus engaños.

---

[103] *Meam operam luserim* (v. 424): desperdiciaría mi trabajo.

[104] *Meis inimicis voluptatem creaverim* (v. 426): produciría placer a mis enemigos.

[105] En nuestros montajes se recitaba en off la fórmula del matrimonio: *ubi tu Caius, ego Caia…*

[106] *Mei benevolentes atque amici* (v. 435): deshacemos la hendíadis.

Escena VIII
Olimpio, Lisídamo, Calino.

OLIMPIO	*(Salen si reparar en la presencia de* CALINO.*)* Deja por lo menos que venga al campo; yo te lo devolveré a la ciudad con una horca como un carbonero[107].
LISÍDAMO	Sí; así conviene hacer.
OLIMPIO	Te lo devolveré totalmente adiestrado[108].
LISÍDAMO	Me habría gustado enviar a Calino contigo a la compra, si hubiera estado en casa, para añadir una nueva humillación, dentro de su tristeza, a nuestro enemigo.
CALINO	*(Aparte al público.)* Me arrastraré hasta la pared a modo de escorpión; tengo que escuchar a escondidas la conversación de estos. De los dos, el uno (LISÍDAMO.) me atormenta, el otro (OLIMPIO.) me enerva. *(Reparando en* OLIMPIO.*)* ¡Ah! ¡Cómo viene vestido de

---

[107] Alude, sin duda, al armazón que se le ponía al cuello a los que tenían que trasportar algo pesado, en este caso, carbón. Un armazón muy parecido al que se les ponía para castigarlos. De ahí la comicidad plautina.

[108] *Factum et curatum dabo* (v. 439). Deshacemos la hendíadis.

blanco ese canalla![109] ¡Ataúd de latigazos! Pospongo mi muerte; estoy decidido a enviar antes a este al Aqueronte[110].

OLIMPIO   (*Aparte a* LISÍDAMO, *jovial.*) ¡Qué condescendiente he sido hoy contigo! Tal y como tú deseabas, te lo he conseguido... Tu amante estará hoy contigo a escondidas de tu esposa[111].

LISÍDAMO   ¡Calla! Que los dioses me contengan pues apenas puedo reprimir mis labios para besarte por este motivo, ¡placer de mi vida!

CALINO   (*Aparte.*) ¿¡Cómo!? ¿Besarlo? ¿¡Pero qué es esto!? ¿Qué es eso de «placer de mi vida»? Creo, ¡por Hércules!, que este pretende ahondarle la vejiga al granjero[112].

OLIMPIO   (*A* LISÍDAMO, *jovial.*) ¿Entonces ahora sí me amas[113]?

---

[109] Pardalisca dirá más tarde que está: vestido de blanco, totalmente peripuesto (vv. 766-67).

[110] En argot actual: ¡a los infiernos!

[111] *Erit hodie tecum quod amas* (v. 451). Lit: hoy estará contigo lo que amas. Ese neutro «*quod amas*» es lo que lleva a Calino a la confusión. Aunque Lisídamo diga en abstracto «placer de mi vida», eso confunde a Calino. Ahí radica la comicidad de la escena.

[112] Plauto «tira de metáfora» para conseguir la carcajada del público. Para Román Bravo: «quiere agujerearle el trasero al capataz». En nuestra adaptación escolar: «¡Ay, madre! ¿A que se lo cepilla en escena?».

LISÍDAMO	(*A* OLIMPIO.) ¡Claro, por Pólux! ¡Más que a mi propia vida! ¿Puedo abrazarte?
CALINO	(*Aparte.*) ¿¡Cómo?! ¿«Abrazarte»?
OLIMPIO	(*A* LISÍDAMO, *jovial.*) ¡Claro que puedes!
LISÍDAMO	(*Abrazando a* OLIMPIO.) ¡Es que, al tocarte, me parece que libo miel!
OLIMPIO	(*Deshaciéndose de* LISÍDAMO, *jovial.*) ¡Quita de en medio, pervertido! ¡Fuera de mi espalda!
CALINO	(*Aparte.*) Ahora, ahora está claro por qué lo hizo granjero y por qué a mí, un día que había venido a su encuentro, me había querido «hacer mayordomo bajo la puerta»[114].
OLIMPIO	(*A* LISÍDAMO, *jovial.*) ¡Vaya si hoy he sido complaciente contigo! ¡Cómo he contribuido a tu placer!
LISÍDAMO	(*A* OLIMPIO.) ¡Hasta el punto de que, mientras viva, te querré a ti más que a mi propia vida!

---

[113] Preferimos «amas» a «quieres» para «confundir» más a Calino y, por supuesto, para despertar la hilaridad entre el público.

[114] La expresión debe de recoger una alusión muy concreta con toda seguridad bien entendida por los espectadores. Entendemos, como Román Bravo, que se trata de una alusión sexual obscena.

CALINO   (*Aparte.*) ¡Creo, ¡por Hércules!, que estos dos hoy entremezclarán sus pies[115]! Está claro que este viejo suele perseguir barbudos[116].

LISÍDAMO   (*A* OLIMPIO, *lascivo.*) ¡Cómo voy a cubrir de besos a Cásina esta noche! ¡Cómo voy a disfrutar sin que se entere mi esposa!

CALINO   ¡Eeehhh! Ahora, por fin, ¡por Pólux!, he encontrado el camino correcto[117]: es el propio viejo quien se muere por Cásina. ¡Los tengo cazados[118]!

LISÍDAMO   ¡Ya ardo en deseos de abrazarla, ¡por Hércules!, ¡y de besarla!

OLIMPIO   ¡Espera primero a que me case! ¿A qué viene tanta prisa?

LISÍDAMO   ¡La amo!

OLIMPIO   Pero yo creo que hoy no podrá ser.

LISÍDAMO   ¡Claro que puede ser! Si es que piensas que mañana te pueda manumitir.

---

[116] *Solet sectari barbatos* (v. 466): es decir: le gustan los barbudos. Evidentemente, esta frase tiene sentido si ambos actores están con barba. En nuestros montajes siempre la cambiamos en función del aspecto físico de los actores.

[117] *Denum in rectam redii semitam* (v. 469): finalmente he vuelto a la senda correcta (me he enterado de la verdad).

[118] *Habeo viros!* (v. 470): para Román Bravo: «los he cazado».

CALINO	(*Aparte.*) ¡Ahora sí que tengo que abrir más mis oídos! Pues ahora, de un solo lance[119], cazaré tranquilamente a dos jabalíes.
LISÍDAMO	(*Señalando la casa del vecino.*) Tengo preparada una habitación[120] en casa de este vecino y amigo mío. Le he contado todo mi amor; me dijo que me dejaba una habitación.
OLIMPIO	¿Y qué pasa con su esposa? ¿Dónde estará?
LISÍDAMO	Lo resolví con astucia. Mi esposa la llamará para que le ayude con la cena de la boda[121]; que esté aquí con ella; que le ayude; que duerma con ella; yo se lo ordené y mi esposa dijo que lo haría. Ella dormirá aquí y haré que el marido se marche de casa; tú llevarás a tu esposa «a la granja»[122]; esa «granja» estará ahí mientras yo paso «la noche de bodas» con Cásina; tú, después, mañana, al amanecer, te la llevarás a la granja. ¿No te parece una excelente idea?
OLIMPIO	¡Perfecta!

---

[119] *Uno in saltu duos apros capere* (v. 476): de una sola vez. Para Blánquez: matar dos pájaros de un solo tiro.

[120] *Mihi locus est paratus* (v. 478): lit: se me ha preparado un lugar.

[121] *Mea uxor vocabit huc eam ad se in nuptias* (v. 481).

[122] Aunque el original plautino es «*rus*» (campo), optamos por seguir traduciendo por «granja» en consonancia con la traducción de «granjero» que le hemos dado a *villicus*.

CALINO	¡Adelante! ¡Hacedlo!, ¡por Hércules!, ¡maquináis para vuestra desgracia, desgraciados[123]!
LISÍDAMO	¿Sabes lo que tienes que hacer?
OLIMPIO	Dime.
LISÍDAMO	(Entregándole una bolsa.) Toma esta bolsa. Vete y compra; date prisa; pero quiero de lo mejor; cosas exquisitas, como exquisita es ella.
OLIMPIO	Descuida.
LISÍDAMO	Compra chipirones, lapas, calamarcitos, *cebadas*...
CALINO	(Cortando.) Mejor *trigadas*[124], si espabilas.
LISÍDAMO	Sollas[125]...
CALINO	¿Y por qué no mejor unos zuecos con los que partirte la cara, viejo pervertido?
OLIMPIO	¿Quieres lenguados?

[123] Intentamos mantener, en la medida de lo posible, la aliteración plautina: ...*vostro tan vorsuti vivitis* (v. 489).

[124] Imposible reproducir el juego de palabras plautino (*hordeias...triticeias*). La «hordeia» es un tipo de pez desconocido pero que a Calino le suena a «*hordeum*» (cebada), de ahí su respuesta.

[125] La misma situación. *Soleas* tanto puede ser «suela de zapato» como solla, de la familia de los lenguados; de ahí el jocoso comentario de Calino.

LISÍDAMO	¡¡Que falta hace, cuando mi esposa está en casa!? Ahí tenemos una buena *lenguada*, pues nunca se calla[126].
OLIMPIO	De momento consultaré qué puedo comprar en la misma pescadería.
LISÍDAMO	Dices bien; marcha[127]; no quiero que ahorres dinero, compra en abundancia; yo ahora tengo que ir a hablar con mi vecino para que haga lo que le mandé.
OLIMPIO	De acuerdo.
	(*Mutis.* OLIMPIO «*al foro», a la pescadería y* LISÍDAMO *hacia la casa de* ALCÉSIMO. *En nuestros montajes, adelantamos la intervención de* CALINO *y, así,* LISÍDAMO *queda en escena y «llama» a* ALCÉSIMO.)
CALINO	(*Aparte al público.*) Ni a tres libertades[128] puedo yo renunciar sin antes haberles buscado una gran ruina [*a estos dos*] y sin haberle

---

[126] En nuestros montajes siempre nos ha sido difícil mantener la comicidad de este pasaje; según los tiempos y las zonas donde representásemos, nos adaptábamos a los productos de la zona, pues, por ejemplo, «percebes» en la zona gallega.

[127] En nuestros montajes añadimos la coletilla: «y cuando regreses entra por el huerto para que no te vean los vecinos y critiquen». Salvamos así la aparente «incongruencia» de la escena sexta del acto tercero. Véase nuestra nota 168.

[128] Es decir, ni aunque me ofrezcan por tres veces darme la libertad.

contado a mi dueña toda esta trama. He cazado a mis enemigos en un clarísimo delito.
Si ahora mi dueña quiere hacer su trabajo,
nuestra es la victoria[129]. Superaré fácilmente
a estos hombres; el día avanza con buen auspicio[130]; ¡ahora hemos vencido los vencidos!
Iré dentro, para que yo condimente a mi gusto lo que cocinó otro cocinero; para que no
esté preparado lo que estaba preparado y sí
esté preparado lo que no estaba preparado[131].

(*Mutis.*)

---

[129] *Nostra est omnis lis* (v. 510): todo el pleito es mío.

[130] Lit: con nuestro auspicio.

[131] Más plástico en latín: (vv. 513-14): *quo id quod paratum est ut paratum ne siet/sietque ei paratum quod paratum non erat.*

Acto III
Escena I
Lisídamo, Alcésimo.

LISÍDAMO   *(En nuestros montajes introducimos un engarce que no aparece en el original:* LISÍDAMO *se acerca a la puerta de* ALCÉSIMO *y lo llama;* ALCÉSIMO *sale y empieza el diálogo en medio de la escena.)* Ahora sabré, Alcésimo, qué clase de amigo[132] o de enemigo mío eres; ahora es el momento de comprobarlo, ahora se ve el resultado[133]. Ahórrate la monserga de por qué estoy enamorado y también ahórrate lo de «con la cabeza calva», «con la edad inapropiada», «con una esposa»[134]; todo eso ahórratelo.

ALCÉSIMO   Nunca vi a nadie más chiflado por el amor que tú.

LISÍDAMO   ¡Tú encárgate de que vacíen tu casa!

ALCÉSIMO   Ya he decidido enviar a tu casa a todos los siervos y siervas, ¡por Pólux!

---

[132] *Amici anne inimici sis imago.*

[133] Mucho mejor en latín… *specimen specitur… certamen cernitur…* (v. 516).

[134] Es decir; ahórrate eso de que soy calvo, de que soy un viejo, de que estoy casado…

LISÍDAMO	¡Ah! ¡Qué fácilmente lo has entendido![135]. Pero no te olvides de la canción que canta el mirlo: «haz que cada uno venga con sus víveres, como si fuesen a Sutrio[136]».
ALCÉSIMO	Lo tendré en cuenta.
LISÍDAMO	¡Eh, oye! Y ahora tú ya sabes: no sabes nada de nada. Mira, yo ahora me voy al foro; volveré pronto.

(*Amaga mutis.*)

ALCÉSIMO	Está bien; marcha.
LISÍDAMO	(*Vuelve, poético.*) ¡Haz que tu casa tenga lengua!
ALCÉSIMO	(*Extrañado.*) ¿Y eso para qué?
LISÍDAMO	¡Para que me llame al volver!
ALCÉSIMO	¡Anda allá! ¡Había que caparte[137]! ¡Haces demasiadas tonterías!

---

[135] Más elegante en latín: *nimium scite scitus es* (v. 525).

[136] Alusión sin duda entendible por el público espectador. Según Román Bravo, (Nota 40), después de la ocupación de Roma por los galos, Camilo reunió a su ejército en Sutrio, pero ordenó que cada uno llevase sus propios víveres; de ahí habría salido una canción «que canta el mirlo».

[137] *Caedundus tu homo es* (v. 528).

LISÍDAMO   ¿De qué me vale estar enamorado si no me
             vuelvo parlanchín? Pero tú preocúpate de es-
             tar listo cuando yo te busque.

             (Mutis.)

ALCÉSIMO   Estaré en casa.

             (Mutis.)

Escena II
Cleóstrata, Alcésimo.

CLEÓSTRATA   (*Saliendo de casa. Directamente al público*[138].) Esta era la razón, ¡por Cástor!, por la que mi marido me pedía con tanta insistencia que me diese prisa en traer a casa a mi vecina, para que dejase libre la casa a la que llevarían a Cásina; ahora de ningún modo la llamaré para que no le quede libre la casa a estos inútiles, viejos carcamales. (*Viendo a* ALCÉSIMO *que sale de casa. Sarcástica.*) Pero he aquí que sale «la columna del senado», «el protector del pueblo», mi vecino, el que le proporcionará un lugar libre a mi marido. ¡Por Cástor!, este que se acerca no es barato comprado por un celemín de sal[139].

ALCÉSIMO   (*Aparte.*) Me extraña que no hayan llamado ya a mi esposa para ir a la casa vecina; hace ya tiempo que está arreglada y espera en casa a que vengan a buscarla; pero aquí llega, según creo... (*A* CLEÓSTRATA.) ¡Salve, Cleóstrata!

---

[138] El espectador entiende perfectamente el monólogo de Cleóstrata pues Calino le habría contado lo que oyó; no obstante, en nuestros montajes hacemos que Cleóstrata «escuche» el diálogo anterior, lo que conlleva una mayor comicidad.

[139] *Modius vilis salis* (v. 538): el modio era una medida de capacidad equivalente a unos 9 litros.

CLEÓSTRATA (*Haciéndose la despistada.*) ¡Ah! ¡Hola, Alcésimo! ¿Dónde está tu esposa?

ALCÉSIMO Está dentro esperando que vengas a buscarla, pues tu esposo me pidió que te la enviara para que te ayude. ¿Quieres que la llame?

CLEÓSTRATA ¡Déjala! No la llames; estará ocupada.

ALCÉSIMO ¡No tiene nada que hacer!

CLEÓSTRATA (*Amagando mutis.*) Me voy; no quiero molestarla; más tarde vendré a verla.

ALCÉSIMO ¿Pero no estáis preparado una boda?

CLEÓSTRATA (*Volviendo hacia* ALCÉSIMO.) Ya la tengo totalmente preparada[140].

ALCÉSIMO ¿Y no os hace falta ayuda?

CLEÓSTRATA Nos bastamos los de casa. Después de la boda, vendré a buscarla. Ahora, adiós; y salúdala de mi parte.

(*Mutis.*)

ALCÉSIMO (*Solo en escena; al público.*) ¿Y ahora qué hago yo? ¡Maldita sea! He cometido una gran torpeza por culpa de ese asqueroso cabrón,

---

[140] *orno et paro* (546). Deshacemos la hendíadis.

desdentado, que me ha metido en este lío. Ofrezco a extraños la ayuda de mi esposa, como si fuera una lameplatos[141]. ¡Asco de tío! Me dijo que su esposa vendría a buscar a la mía; ahora ella se niega a llamarla. ¡Por Pólux! No sería raro que esto ya lo sospechara mi vecina; por otra parte, pienso que, de sospechar algo, me habría pedido explicaciones... Me vuelvo a casa; voy a conducir mi nave de nuevo a puerto[142].

(*Mutis.*)

CLEÓSTRATA (*Saliendo de la casa; al público.*) ¡Vaya corte que se lleva![143] ¡Mira que andan solícitos estos miserables viejos! Me gustaría que apareciese el inútil, el decrépito de mi esposo para burlarme también de él, después de reírme de este otro; estoy deseando provocar un enfrentamiento entre ellos dos (*Aparece LI-SÍDAMO con cara de pocos amigos.*) ¡Pero si aparece por aquí! (*Sarcástica.*) ¿A que al verlo así de serio parece una persona respetable?

---

[141] Un parásito que sacia su hambre en casas ajenas.

[142] Imagen perfectamente comprensible: «voy a rectificar».

[143] *Iam hic est lepide ludificatus* (v.558): Este ya ha sido lindamente chasqueado.

Escena III
Lisídamo, Cleóstrata.

LISÍDAMO   *(Viniendo del foro sin reparar en* CLEÓSTRATA. *Aparte al público.*) Es una gran estupidez, al menos en mi opinión, el que un enamorado ande por el foro el día en que tiene a su disposición a su amada[144]; eso es lo que he hecho yo, idiota de mí; perdí el día haciendo de abogado para un pariente mío. ¡Cuánto me alegro, ¡por Hércules!, de que haya perdido el juicio! Así no me volverá a llamar. Es que, en mi opinión, quien necesite abogados debe preguntar y cerciorarse antes si uno está o no está de acuerdo en defenderlo; si se niega, pues que lo deje marcharse a casa. *(Repara en* CLEÓSTRATA *que está plantada delante de su casa.*) ¡Anda, pero si está mi esposa a la puerta! ¡Maldita sea mi estampa[145]! Me temo que no está sorda y que ha oído todo.

CLEÓSTRATA   *(Aparte al público.*) Lo he oído, ¡por Cástor!, para tu gran desgracia.

---

[144] *Siet in mundo* (v. 565). *Esse in mundo*: Lit: «estar en el mundo»: estar libre, estar disponible.

[145] *Ei misero mihi* (v. 574): ¡ay, mísero de mí!

LISÍDAMO   (*Aparte.*) Me acercaré un poco. (*A* CLEÓSTRA-
             TA, *sumiso.*) ¿Qué haces por aquí, cariño mío[146]?

CLEÓSTRATA   Te esperaba, ¡por Cástor!

LISÍDAMO   ¿Ya está todo preparado? ¿Ya has traído a casa
             a esa vecina para que te ayude?

CLEÓSTRATA   Fui a buscarla, como me habías ordenado,
             pero ese colega tuyo, ¡ese gran amigo tuyo!,
             discutió con su esposa no me digas por qué
             y no la dejó salir cuando fui a buscarla[147].

LISÍDAMO   (*Montando en cólera.*) ¡Ese es tu gran defec-
             to: eres demasiado blanda!

CLEÓSTRATA   No es oficio de matronas, sino de meretri-
             ces, ser tierna con maridos ajenos, cariño
             mío. Vete tú y tráela; yo tengo que ocupar-
             me de lo que es necesario hacer dentro, ca-
             riño mío.

LISÍDAMO   ¡Pues date prisa!

CLEÓSTRATA   ¡Ya voy! (*Aparte al público mientras hace mu-
             tis.*) A este, ¡por Pólux!, voy a meterle algo
             de miedo en el cuerpo; a este enamorado voy
             a convertirlo en un desgraciado.

---

[146] *Mea festivitas* (v. 577): mi alegría.

[147] *Negavit posse, quoniam arcesso, mittere* (v.583): negó que pudiese
enviarla cuando fui a buscarla.

Escena IV
Alcésimo, Lisídamo.

ALCÉSIMO   *(Saliendo de casa. Aparte al público.)* Voy a ver si este enamorado por fin ha vuelto del foro, que se ha reído de mí y de mi esposa, el muy fantasma. *(Reparando en* LISÍDAMO.*)* ¡Pero si está aquí delante de su casa! *(A* LISÍDAMO, *enfadado.)* Te estaba buscando, ¡por Hércules!

LISÍDAMO   *(También enfadado.)* ¡Y yo a ti, ¡por Hércules! ¿Qué tienes que decirme, inútil? ¿Qué te ordené? ¿Qué te dije?

ALCÉSIMO   ¿Qué?

LISÍDAMO   ¡Vaya si me has dejado libre tu casa! ¡Vaya si trajiste a tu esposa a mi casa! ¿No te das cuenta de que por tu culpa perezco yo y la mejor ocasión de mi vida[148]?

ALCÉSIMO   ¿Por qué no te ahorcas? Que eres tú quien me había dicho que tu esposa iría a buscar a la mía.

---

[148] *Satin propter te pereo atque occasio?* (v. 598) ¿No está claro que por tu culpa muero y (muere) la ocasión?

LISÍDAMO	¡Que ella me ha dicho que fue a buscarla y que tú le dijiste que no la enviabas!
ALCÉSIMO	¡Al contrario! ¡Que fue ella la que me negó que le hiciera falta que viniera!
LISÍDAMO	¡Que es ella la que me ha mandado que venga a buscarla!
ALCÉSIMO	¡Que me da lo mismo!
LISÍDAMO	¡Que me arruinas!
ALCÉSIMO	¡Que está bien! ¡Que ya llevo mucho tiempo aquí! Que te deseo…
LISÍDAMO	¿¡Qué!?
ALCÉSIMO	¡Que te pudras!
LISÍDAMO	¡Eso lo haré yo contigo! Porque nunca serás capaz de decir más [veces] «que» que yo.
ALCÉSIMO	¡Que los dioses te confundan, ¡por Hércules!, con mi último «que»[149]!
LISÍDAMO	Entonces… ¿Qué? ¿Enviarás a mi casa a tu esposa?

---

[149] Intentamos reproducir de alguna manera la hilarante escena plautina entre estos dos ancianos; Plauto utiliza «quin» hasta en doce ocasiones (vv. 599-609).

ALCÉSIMO   ¡Llévala! Y de paso crucifícate con esta y con aquella... ¡y también con tu amante! Anda, marcha; y no te preocupes; ordenaré a mi esposa que vaya por el huerto a ayudar a la tuya.

LISÍDAMO   (*Exultante.*) ¡Ahora sí que eres un amigo de verdad![150] (*Mutis de* ALCÉSIMO. LISÍDAMO *al público.*) ¿Con qué mal fario diré que se me ha entregado este amor?[151] ¿Qué pecado habré cometido contra Venus para que tantos retrasos le surjan a mi caminar de enamorado? (*Se oyen ruidos extraños y gritos dentro de la casa de* LISÍDAMO.) ¿¡Ehhh!? ¡Por todos los cielos!, ¿qué es ese griterío que se levanta en mi casa?

---

[150] Amigo... in germanum modum... (v. 615). «germanus». Inicialmente usado solo para «hermanos de padre y madre», es decir, para los verdaderamente hermanos, genuinos, auténticos; triunfará después en la Península ibérica (irmao en portugués, hermano en español), frente a «frater» como en Francia (frère) o Italia (fratello).

[151] Interpretamos «*rara avi*» en sentido negativo: pájaro de mal agüero.

Escena V
Pardalisca, Lisídamo.

PARDALISCA   (*Sale histérica total, como huyendo de la casa y deambulando por escena como una posesa.*) ¡No soy nadie! ¡No soy nadie! ¡Toda, toda he muerto! ¡Mi corazón ha muerto de miedo! ¡Mis miembros me tiemblan, miserable de mí![152] ¡No sé dónde buscar o encontrar auxilio, protección, refugio, socorro! ¡Son tantas las maravillosas maravillas[153] que acabo de ver ahí dentro! ¡Una osadía nueva y perfecta! ¡Ay de ti, Cleóstrata! ¡Apártate de ella, por todos los cielos! ¡Que su ira descontrolada no te cause ningún daño! ¡Quitadle la espada, que está loca perdida[154]!

(*Cae «desmayada».*)

LISÍDAMO   (*Aparte al público, muy asustado.*) ¿Qué pasará para que esta salga histérica perdida?[155] (*A* PARDALISCA.) ¡Pardalisca!

---

[152] Membra miserae tremunt (v. 622): lit: tiemblan los miembros de una miserable.

[153] Intentamos reproducir la excelente aliteración latina: ...*modo mira miris modis...* (v. 625).

[154] *Impos animi sui...* (v. 629).

[155] Deshacemos la hedíadis: *timida atque exanimata* (v. 630).

PARDALISCA	(*«Recuperándose del desmayo». Al público.*) ¡Estoy muerta! ¿De dónde mis oídos reciben sonidos?
LISÍDAMO	(*Alterado.*) ¡Mírame ahora mismo!
PARDALISCA	(*«Reparando en* LISÍDAMO*».*) ¡Oh, amo querido!
LISÍDAMO	¿Qué te pasa? ¿Por qué tiemblas?
PARDALISCA	¡He muerto!
LISÍDAMO	¿Cómo que has muerto?
PARDALISCA	¡He muerto y tú también has muerto!
LISÍDAMO	(*Jocoso.*) ¿Qué yo también he muerto? ¿Cómo?
PARDALISCA	¡Ay de ti!
LISÍDAMO	(*Con enfado.*) ¡Eso! ¡Ay de ti!
PARDALISCA	(*Amagando desmayarse de nuevo y cayendo en los brazos de* LISÍDAMO.) ¡Que no me desmaye, por favor, sujétame!
LISÍDAMO	(*Sujetándola.*) Sea lo que sea, cuéntamelo rápido.
PARDALISCA	(*Imitando desmayo.*) ¡Agárrame por el pecho! ¡Airéame, por favor, con el manto!

LISÍDAMO   (*Solícito y obediente. Al público.*) Mucho me temo que algo malo ha ocurrido, a no ser que esta, en alguna parte, se haya sentido trastornada con los perfumes de Baco[156].

PARDALISCA   ¡Agárrame las orejas, por favor!

LISÍDAMO   (*Fuera de sí y deshaciéndose de ella.*) ¡Mala cruz te cuelgue! ¡Largo de aquí! ¡Que los dioses maldigan tu pecho, tus orejas y tu cabeza! Si no me cuentas ahora mismo qué es lo que sucede, te machacaré el cerebro, maldita víbora, que hasta ahora no has hecho sino burlarte de mí.

PARDALISCA   (*Mimosa.*) ¡Oh, amo querido!

LISÍDAMO   (*Parodiándola.*) ¿Qué quieres de mí, esclava querida?

PARDALISCA   (*Mimosa.*) ¡Estás muy furioso!

LISÍDAMO   Demasiado pronto lo dices[157]. Pero dime qué sucede; dilo en pocas palabras: ¿Qué tipo de barullo hubo en casa?

---

[156] Nisi haec meraclo se uspiam percussit flore Liberi (v. 640) Es la traducción que da Blánquez. Intentando ser más literales: a no ser que esta se haya golpeado con el jugo puro de Líber. Excelente y elegante perífrasis para decir que viene borracha perdida. Líber, el equivalente romano del griego Diónisos.

[157] Numero dicis (v. 647) Entendemos la expresión en el sentido de «acabo de empezar», «todavía voy a cabrearme más si no»… De poco te quejas…

PARDALISCA   Lo sabrás; escucha. (*Cómicamente trágica*.)
… Una terrible desgracia ha sucedido ahí
dentro… entre nosotras… tu esclava… de
una forma… ha comenzado a comportarse…
no conviene a la decencia ática[158]…

LISÍDAMO   (*Nervioso*.) ¿¡Pero de qué se trata!?

PARDALISCA   («*Temblorosa*».) … El temor me paraliza la
lengua…

LISÍDAMO   (*Fuera de sí*.) ¿¡Me puedes explicar de qué
se trata[159]!?

PARDALISCA   (*En el mismo tono*.) Te lo diré… tu esclava…la
que quieres casar con el granjero… dentro…

LISÍDAMO   ¿¡Qué!? ¿¡Qué pasa dentro!?

PARDALISCA   … Imita las malas artes de las malas mujeres… amenaza a su marido… la vida…

LISÍDAMO   ¿Qué pasa?

PARDALISCA   ¡Ay!

LISÍDAMO   ¿¡Qué pasa!?

---

[158] Es decir: un comportamiento impropio de una señorita educada.

[159] *Possum scire ego istuc ex te quid negoti est?* (v. 654) Lit: ¿puedo yo
saber de ti de qué se trata?

PARDALISCA   … Matarlo… dice que quiere la vida… la espada…

LISÍDAMO   (*Cada vez más asustado.*) ¿¡Cómo!?

PARDALISCA   … La espada…

LISÍDAMO   ¿¡Qué pasa con la espada!?

PARDALISCA   … Tiene una espada…

LISÍDAMO   ¡Maldita sea! ¿Por qué tiene una espada?

PARDALISCA   (*Volviendo al tono normal.*) Nos persigue a todos los de casa por todos los rincones[160] y no permite que nadie se le acerque; y así todos están temblorosos, escondidos en los armarios y bajo las camas.

LISÍDAMO   (*Al público.*) ¡Estoy perdido! ¡He muerto! (*A* PARDALISCA.) ¿Pero qué tipo de enfermedad le ha entrado así de repente?

PARDALISCA   Se ha vuelto loca.

LISÍDAMO   (*Al público.*) Creo que soy el hombre más desgraciado.

PARDALISCA   ¡Uf! Pues si llegas a saber lo que ha dicho hoy...

LISÍDAMO   (*A* PARDALISCA.) Estoy deseando saberlo. ¿Qué ha dicho?

PARDALISCA	Escucha: ha jurado por todos los dioses y diosas que matará a cualquiera que se acueste con ella esta noche.
LISÍDAMO	(*Espontáneo y aterrado.*) ¿¡Que me va a matar!?
PARDALISCA	(*Con cara de «sorpresa» e «inocencia».*) ¿Pero a ti en qué te afecta esto?
LISÍDAMO	(*Reponiéndose y «restando importancia».*) ¡Bah!
PARDALISCA	(*Insinuante.*) ¿Qué interés tienes tú por ella?
LISÍDAMO	¡Me equivoqué!... Quería decir «al granjero».
PARDALISCA	Consciente abandonas camino por vereda[161].
LISÍDAMO	(*De nuevo en guardia.*) ¿Es que me amenaza a mí?
PARDALISCA	Contigo es con quien más enfadada está, más que con cualquier otro.
LISÍDAMO	¿Por qué motivo?
PARDALISCA	Porque se la has entregado a Olimpio. Ha prometido que no llegarán a mañana ni ella

---

[160] Insectatur omnis domi per aedis (v. 661).

[161] Es decir: a tiempo rectificas. El dicho popular en español es justo el contrario: «no abandones camino por vereda».

	ni tu vida ni la de su marido. Me han mandado salir fuera para decírtelo[162].
LISÍDAMO	¡Maldita sea!, ¡por Hércules! Soy un desgraciado.
PARDALISCA	(Aparte.) Bien merecido lo tienes.
LISÍDAMO	(Aparte al público, lacrimoso.) Ni existe ni existió nunca un viejo enamorado tan desdichado como yo.
PARDALISCA	(Aparte al público, festiva.) Le estoy tomando el pelo[163]: son falsos todos los hechos que le he contado. Mi ama y la vecina[164] idearon este engaño. Me enviaron a reírme de él.
LISÍDAMO	(Abatido y dubitativo.) ¡Oye, Pardalisca!
PARDALISCA	¿Qué hay?
LISÍDAMO	…Hay….
PARDALISCA	¿Qué?
LISÍDAMO	… Hay que quiero preguntarte…

---

[162] Id huc missa sum tibi ut dicerem (v.681).

[163] *Ludo ego hunc facete:* (v. 685) lit: divertidamente me burlo de él.

[164] *Haec ex proxumo:* (v. 687) Lit: esta de aquí al lado. Se sobreentiende que Pardalisca señala con la mano la casa de Alcésimo.

PARDALISCA   (*Fingiendo intriga.*) ¡Me entretienes!

LISÍDAMO   ¡Y tú me entristeces! ¿Cásina tiene todavía la espada?

PARDALISCA   ¡La tiene, pero dos!

LISÍDAMO   ¿Cómo «dos»?

PARDALISCA   Dice que con una te matará a ti, con la otra al granjero.

LISÍDAMO   Yo ya soy el más muerto de todos los que viven. ¿Y qué hace mi esposa? ¿No va y se la quita?

PARDALISCA   Nadie se atreve a acercarse.

LISÍDAMO   Que se lo suplique.

PARDALISCA   Ya se lo ruega. Niega ponerse de otro modo a no ser que esté segura de que no se le va a entregar al granjero.

LISÍDAMO   ¡Pues ya que no quiere, se casará hoy contra su voluntad! ¡Por qué no voy a acabar hoy lo que empecé para que se case conmigo!... (*Se da cuenta de lo que acaba de decir y en otro tono.*) ... quise decir con él, con nuestro granjero...

PARDALISCA   (*Sarcástica.*) ¡Cuántes veces te equivocas!

LISÍDAMO   (*Fuera de sí.*) ¡El temor me cambia las palabras! … (*Suplicante.*) Pero, por favor, dile a mi esposa que le suplique que deje la espada y me permita entrar.

PARDALISCA   Se lo diré.

LISÍDAMO   Y tú ruégaselo

PARDALISCA   Se lo rogaré.

LISÍDAMO   (*Seductor.*) Pero pídeselo con dulzura…, como sueles hacer… y… ¿sabes?… si lo consigues… te regalaré unas sandalias … y un anillo de oro para el dedo… y muchas cosas más…

PARDALISCA   Me esforzaré.

LISÍDAMO   Haz por conseguirlo.

PARDALISCA   A ello voy, salvo que me necesites…

LISÍDAMO   (*Cortando y apremiando.*) ¡Vete e inténtalo! (*Mutis de* PARDALISCA. *Regresa* OLIMPIO *de la compra acompañado de un cocinero y varios ayudantes.*) ¡He aquí que vuelve de la compra mi conseguidor[165]! ¡Trae compañía!

---

[165] Optamos por esta traducción para «adiutor», dadas las connotaciones -no siempre positivas- que actualmente esta palabra ha adquirido en español.

Escena VI
Olimpio, Citro, Lisídamo.

OLIMPIO	*(A* CITRO, *señalando a sus ayudantes.)* Tú, ladrón, preocúpate de tener bajo estandartes a tus zarzas[166].
CITRO	¿Por qué son «zarzas»?
OLIMPIO	Porque lo que tocan lo roban; si vas a recuperar lo robado, al punto te arañan; así, adonde vienen, por donde quiera que pasan, castigan a los dueños con doble daño.
CITRO	¡Vete al cuerno!

*(*CITRO *y comparsa se echan a un lado y observan el diálogo.)*

OLIMPIO	*(Reparando en* LISÍDAMO.*)* ¡Vaya! Estoy tardando en vestirme con elegancia y a la manera patricia e ir así a saludar a mi amo.
LISÍDAMO	¡Salve, buen hombre!

---

[166] Sentis -is: (v. 720) según Blánquez: zarza, uñas largas, ladrón. Sub signis: bajo control, controlados.

OLIMPIO	Estoy de acuerdo[167].
LISÍDAMO	¿Qué pasa[168]?
OLIMPIO	Que tú estás enamorado y yo tengo hambre y sed.
LISÍDAMO	Llegas bien elegantemente vestido
OLIMPIO	Eh, hoy…
	(Laguna, pero se supone que OLIMPIO *amaga con hacer mutis y entrar en casa[169].)*
LISÍDAMO	¡Quédate, aunque te fastidie!

---

[167] A simple vista, un tanto sorprendente la respuesta de Olimpio; puede entenderse en clave de sarcasmo al «bone vir, salve» en el sentido de «pues claro que soy un buen chico».

[168] Difícil entender el diálogo que sigue; no encaja el «vestirse con elegancia» con este diálogo tan crispado entre ambos. En esta escena y en varias de las que siguen tenemos el problema de numerosas lagunas que pueden ser las causantes de estas, en apariencia, incongruencias; para salvarla, en nuestros montajes hemos «metido» en casa a Olimpio haciéndolo volver por la trasera de la casa «para que no te vean los vecinos y critiquen». De esta forma la escena adquiere lógica. Pero creemos que no es arriesgado ver aquí una «típica escena de *contaminatio*». Aunque los personajes son los mismos, el tono del diálogo en absoluto parece encajar con el resto de la obra. Véase nuestra nota 127.

[169] Tenemos una laguna que nos impide comprender el diálogo. Olimpio se fue a la compra (fin del acto II, v. 503); lo lógico es que volviese con la misma ropa; difícil comprender la extrañeza de Lisídamo.

OLIMPIO	¡Me voy! Apesta tu conversación.
LISÍDAMO	¿Por qué?
OLIMPIO	Por esto. [*laguna*] ¿Pero todavía estás ahí? ¡No me causas más que problemas!
LISÍDAMO	Lo que te daré es una buena paliza, según creo, a no ser que te quedes.
OLIMPIO	¡Oh Zeus! ¿Puedes dejarme en paz a no ser que quieras que hoy vomite?
LISÍDAMO	¡Quédate!
OLIMPIO	¿Qué pasa? (*¿Aparte al público?.*) ¿Quién es ese hombre?
LISÍDAMO	Soy el amo.
OLIMPIO	¿Qué amo?
LISÍDAMO	Del que tú eres esclavo.
OLIMPIO	¿Esclavo yo?
LISÍDAMO	Y mío.
OLIMPIO	¿Acaso no soy libre? Acuérdate, acuérdate.
	(*Vuelve a amagar con mutis.*)
LISÍDAMO	¡Quieto, detente!

Olimpio	¡Déjame!
Lisídamo	¡Soy tu esclavo!
Olimpio	Así está mejor.
Lisídamo	Por favor, Olimpito mío, mi padre, mi patrón.
Olimpio	¡Vaya! Recuperaste la cordura.
Lisídamo	Soy tuyo de verdad.
Olimpio	¿Y qué voy a hacer con un siervo tan inútil?
Lisídamo	¿Qué pasa? ¿Cuándo vas a devolverme la vida?
Olimpio	Tan pronto como esté preparada la cena.
Lisídamo	Que entren los cocineros.
Olimpio	(*A los cocineros.*) Entrad rápidamente y preparad [*la cena*] inmediatamente. Enseguida entraré yo; quiero que me hagáis una cena abundante, pero la quiero exquisita y deliciosa; no me gusta la insulsa comida romana[170]. (*A* Lisídamo.) ¿Todavía estás ahí? Venga, entra, por favor.

---

[170] Nil moror barbarico bliteo (v. 748). Difícil la traducción literal. ¿paso del bledo a la bárbara? Tanto Román Bravo como Martín Robles ven una alusión a la frugalidad romana frente al sibaritismo griego.

LISÍDAMO   Yo me quedo aquí.

OLIMPIO   ¿Es que todavía hay algo que te retenga?

LISÍDAMO   Dicen que Cásina tiene una espada ahí dentro para matarnos a ti y a mí.

OLIMPIO   Lo sé; deja que la tenga; están de broma; yo conozco bien esas «mercancías»[171]. Así es que entra conmigo.

LISÍDAMO   Pero yo, ¡por Pólux!, temo alguna desgracia; entra tú ahora, mira primero qué es lo que está pasando.

OLIMPIO   Tan valiosa es mi vida para mí como la tuya para ti. Vamos, entra ya.

LISÍDAMO   Si tú lo ordenas, entonces iré contigo.

                (Mutis.)

---

[171] Lo entendemos como una alusión a las mujeres. Similar a expresiones en español como «conozco el percal», «conozco el género».

Acto IV
Escena I
Pardalisca.

PARDALISCA   *(Sale a escena calmada; al público.)* No creo,
¡por Pólux!, que los juegos de Nemea[172] ni
los de Olimpia[173] ni los de ningún otro sitio
sean tan divertidos como las burlas[174] de aquí
dentro a costa de nuestro viejo y nuestro granjero Olimpio: ahí dentro todos corren de un
lado para otro[175], el viejo en la cocina grita,
acucia a los cocineros: «¿Por qué no traba-
jáis hoy?» «¿Por qué no servís lo que se pueda?» «¡Daos prisa; ya es momento de que la
cena esté preparada!» El granjero, en cambio, deambula con la corona, vestido de blanco, elegante y peripuesto[176], pero esas dos
[*mujeres*] ahora están vistiendo de novia[177] al

---

[172] Los Nemeos fueron unos importantes juegos panhelénicos que se
celebraban cada dos años; no es seguro su origen, pero puede que
surgieran en honor de uno de los «trabajos de Hércules»: el León
de Nemea.

[173] Sin duda los más famosos de Grecia. Se celebraban cada cuatro
años en Olimpia y estaban consagrados a Zeus.

[174] *Ludi ludificabiles* (v. 761): juegos para chasquear (Blánquez).

[175] *Totis aedibus* (v. 763): por toda la casa.

[176] *Lautus exornatusque* (v.768).

[177] *Exornant* (v. 769): adornan, embellecen.

escudero para dárselo en matrimonio a nuestro granjero en lugar de Cásina, pero lo disimulan perfectamente como si no supieran nada de lo que va a suceder; los cocineros, por su parte, muy serios, colaboran totalmente a la situación para que el viejo no cene; vuelcan las ollas, amortiguan el fuego con agua: lo hacen por orden de ellas; pero ellas quieren echar de casa al viejo sin cenar, para llenar sus estómagos ellas solas; conozco bien a esas tragonas: pueden comerse hasta un barco lleno de comida. (*Sale* LISÍDAMO.) Pero se abre la puerta.

Escena II
Lisídamo, Pardalisca.

LISÍDAMO   (*Mirando hacia la puerta, «hablando» con las mujeres.*) Si sois razonables, esposa, cenad vosotras cuando la cena esté hecha; yo cenaré en la granja pues quiero acompañar a los recién casados[178] para que no los atraquen[179], pues conozco bien las malas costumbres de los hombres; disfrutad a vuestro antojo, pero daros prisa en sacar fuera al novio y a la novia para que, finalmente, marchemos con luz. Yo volveré mañana y mañana, esposa, celebraré el banquete.

PARDALISCA   (*Aparte al público.*) Sucede lo que dije que sucedería: las mujeres lo han echado sin cenar.

LISÍDAMO   (*Reparando en* PARDALISCA.) ¿Qué haces tú aquí?

PARDALISCA   … ¡Voy adonde me mandó mi ama!

LISÍDAMO   ¿De veras?

PARDALISCA   En serio.

---

[178] Novum maritum et novam nuptam (v. 781): al nuevo marido y a la nueva esposa.

[179] *Ne quis eam abripiat* (v. 784): lit. para que nadie la rapte.

LISÍDAMO	¿Qué fisgabas aquí?
PARDALISCA	¡No estoy fisgando nada!
LISÍDAMO	¡Lárgate! Aquí no haces nada; dentro los demás trabajan.
PARDALISCA	Me voy.

(Amaga con irse, pero se queda.)

LISÍDAMO   ¡Que te largues de aquí de una vez, maldita entre las malditas! (*Mutis de* PARDALISCA; *solo en escena; al público.*) ¿Ya se fue? ¡Ya puede uno decir lo que quiera! El enamorado, ¡por Hércules!, aunque tenga hambre, no tiene hambre ninguna[180] (*Aparece* OLIMPIO *con cara de pocos amigos, acompañado por un flautista.*) ¡Pero he aquí que llega con la corona y la antorcha mi socio, mi compañero, mi *conmarido*[181], el granjero!

---

[180] Si essurit, nullum essurit (795).

[181] Conmaritus vilicus (797).

Escena III
Olimpio, Lisídamo.

OLIMPIO	¡Ea, flautista! Mientras sacan fuera a la recién casada, haz que tu dulce canto de himeneo resuene para mí en toda esta plaza[182].
LISÍDAMO /OLIMPIO	(*Mientras el flautista toca, cantan y bailan.*) ¡Oh, Himen, Himeneo, oh Himen[183]!
LISÍDAMO	(*Se supone que* OLIMPIO *o deja de bailar o pone cara de pocos amigos.*) ¿Qué haces, salvación mía?
OLIMPIO	Tengo tanta hambre que me pongo enfermo[184], ¡por Hércules!
LISÍDAMO	¡Pero yo estoy enamorado!
OLIMPIO	Eso, ¡por Hércules!, me importa un comino; a ti el amor te vale de alimento; a mí, debido al ayuno, me rugen las tripas desde hace rato.

---

[182] Sic, Blánquez.

[183] En origen, Himeneo es el dios del matrimonio, evolucionó después a los «cantos nupciales» en general. En nuestros montajes, los actores cantan y/o bailan alguna canción popular del momento.

[184] *Essurio hercle atque adeo hau salubriter* (v. 801).

LISÍDAMO	¿Por qué se han vuelto tan remolonas esas ahí dentro? Como si lo hicieran adrede; cuanta más prisa tengo yo, menos prisa tiene ella.
OLIMPIO	¿Y si vuelvo a cantar[185] el himeneo, a ver si se dan más prisa?
LISÍDAMO	De acuerdo. Y yo te ayudaré en esta boda común[186].
LISÍDAMO /OLIMPIO	(Cantan y bailan.) ¡Oh Himen, Himeneo, oh Himen!
LISÍDAMO	(Dejará de cantar y bailar.) ¡Maldita sea!, ¡por Hércules! Me estoy rompiendo por cantar el himeneo, pero no puedo romperme con la pasión que tanto deseo[187].
OLIMPIO	(Sarcástico.) ¡Por Pólux! Tú, si fueses un caballo, serías indomable.
LISÍDAMO	¿Por qué lo dices?

---

[185] Entendemos el uso de este verbo (offendam: chocar) en el sentido de «hacer ruido» para que las mujeres se den prisa en sacar a Cásina.

[186] In nuptiis communibus (v. 807) Lisídamo se considera «parte integrante» de la boda pues ejercerá el «derecho de pernada» con la novia.

[187] Es decir: «sudo cantando en vez de sudar follando».

OLIMPIO   Estás demasiado empinado[188].

LISÍDAMO   ¿Acaso quieres comprobarlo?

OLIMPIO   ¡No lo quieran los dioses[189]! (*Salen* PARDALIS-
             CA y CLEÓSTRATA *precediendo a* CALINO *bien
             camuflado de novia.*) Pero suena la puerta; ¡ya
             salen!

LISÍDAMO   (*Orando.*) ¡Los dioses, ¡por Hércules!, acu-
             den a salvarme! ¡Ya percibo a lo lejos el olor
             a Cásina[190]!

---

[188] Si admitimos el contexto obsceno de la escena, y nosotros lo admitimos, quizás el «nimi' tenax es» podría traducirse por «estás
muy empalmado». Tenax: prieto, duro compacto: Blánquez.

[189] Interpretamos que se trata de una conversación de alto calado obsceno.

[190] Hay controversia en torno a esta última frase (v. 814). En el ma-
nuscrito se le atribuye a Calino y, además, pone «Casinus». Como
no existe una tesis convincente, nosotros se lo atribuimos a Lisídamo y seguimos diciendo «Cásina».

Escena IV
Calino, Pardalisca, Olimpio, Lisídamo, Cleóstrata.

PARDALISCA (*Aparte a* CALINO, *vestido de novia, con voz de ritual.*) ¡Pisa el umbral[191] con mucho cuidado, recién casada! ¡Inicia con buen pie[192] este camino! ¡Que siempre superes a tu marido! ¡Que tu dominio sea siempre superior, que venzas a tu marido, que seas la vencedora, que tu voz y tu mando estén por encima de él, que tu marido te vista, que tú lo desvistas[193], acuérdate, por favor, engáñalo día y noche! Por favor: no lo olvides[194].

OLIMPIO ¡Será su desgracia, ¡por Hércules!, como se equivoque lo más mínimo!

LISÍDAMO ¡Calla!

OLIMPIO ¡No callo!

LISÍDAMO ¿Por qué?

---

[191] Parodia del ritual nupcial romano en el que se izaba a la novia para que no pisase el umbral al entrar en la casa del nuevo marido.

[192] *Sospes* (v.816): felizmente (Blánquez).

[193] *Despolies* frente a *vestiat* (v. 821): Burlesco: y que tú lo arruines.

[194] Igualmente vemos aquí alusiones obscenas.

OLIMPIO   Malamente muestra malvada a malvada[195].

LISÍDAMO   ¿Me acabarás estropeando lo arreglado?[196]
Esto buscan, esto quieren, para ponerlo todo
en mi contra.

PARDALISCA   ¡Ea, Olimpio! Cuando quieras; aquí te entregamos a tu esposa[197].

OLIMPIO   (*Cogiendo a* CALINO *por un brazo.*) Dádmela, pues; si es que, por fin, vais a entregármela hoy.

LISÍDAMO   (*A las mujeres.*) ¡Entrad en casa!

PARDALISCA   ¡Por favor, tratad bien a esta virgen inexperta[198]!

OLIMPIO   Así lo haremos.

PARDALISCA   (*Amagando mutis, pero esperando curiosa.*) ¡Adiós!

---

[195] Mala malae male monstrat (v. 826): Intentamos reproducir la aliteración plautina: la muy puñetera le está dando malos consejos a la malvada.

[196] Trabalenguas: *ex parata inparatam* (v. 827): es decir: harás desorden del orden.

[197] *Uxorem accipe hanc a nobis* (v.830): recibe a esta esposa de nosotras.

[198] Más plástico y más claro en latín: *integrae atque imperitae huic impercito* (v.832): cuidad bien a esta intacta e inexperta.

OLIMPIO	¡Marchad de una vez!
LISÍDAMO	¡Que marchéis!
CLEÓSTRATA	¡Ya nos vamos!
	(Mutis de las dos.)
LISÍDAMO	*(Esperando a que desaparezca* CLEÓSTRATA.*)* ¿Ya se fue mi esposa?
OLIMPIO	Ya está en casa; no tengas miedo.
LISÍDAMO	*(Dando rienda a su euforia.)* ¡Hurra! ¡Ahora, por fin, soy libre! *(Acariciando a* CALINO.*)* ¡Corazoncito mío! ¡Dulzurita mía! ¡Primaverita mía!
OLIMPIO	¡Eh, tú! ¡Ojo! ¡Ten cuidado, si eres inteligente! ¡Esta es mía!
LISÍDAMO	¡Lo sé! ¡Pero la primicia es mía[199]!
OLIMPIO	*(Dándole la antorcha.)* ¡Agarra esta antorcha!
LISÍDAMO	*(La rechaza y sigue acosando a* CALINO.*)* ¡Al revés! ¡Prefiero agarrarla a ella! ¡Venus todopoderosa, cuánta felicidad me has proporcionado al proporcionarme la posesión de esta!

---

[199] Sec meus fructust prior (v. 838): mío es el fruto primero.

OLIMPIO	(*Interponiéndose y acariciando también a* CA-LINO.) ¡Cuerpecito delicioso! ¡Mujercita mía! (CALINO *le da un fuerte pisotón.*) ¡Aaaay!
LISÍDAMO	¿Qué pasa?
OLIMPIO	¡Me ha pisado el pie como si fuera un elefante[200].
LISÍDAMO	¿¡Quieres callar!? (*Sigue con su acoso a* CA-LINO.) La niebla no es tan suave como es su pecho.
OLIMPIO	(*Vuelve a interponerse y a acariciar a* CALINO *por los pechos.*) ¡Por Pólux! ¡Tetita linda! (CA-LINO *le mete un codazo.*) ¡Aaaay!
LISÍDAMO	¿Qué pasa?
OLIMPIO	¡Me ha golpeado el pecho, pero no con el codo sino con un ariete!
LISÍDAMO	(*Apartando a* OLIMPIO *y acariciando a* CALI-NO.) ¿Por qué eres tan duro con ella, por favor[201]? A mí, sin embargo, que la trato suavemente, no me ataca (CALINO *le da un fuerte empujón.*) ¡Aaaay!

---

[200] Luca box: buey de Lucania; así es como los romanos llamaban a los elefantes.

[201] ¿*Quid... tractas tam dura manu?* (v. 850) ¿Por qué la tratas con mano dura?

OLIMPIO   ¿Qué te ha pasado?

LISÍDAMO   (Reponiéndose.) ¡Coño![202] ¡Qué fuertecita!
             ¡Casi me tumba!

OLIMPIO   Luego ella lo que quiere es tumbarse[203]...

LISÍDAMO   ¿Y por qué no vamos?

OLIMPIO   (Acosando ambos a CALINO y metiéndose en
             casa de ALCÉSIMO.) ¡Arreando, guapa, guapí-
             sima!...

---

[202] Obsecro (v. 852): Blánquez: ¡Por el cielo!

[203] Cómico juego de palabras en latín, irreproducible en castellano:
cubito (codo) ire cubitum (ir a acostarse) (v. 853).

98

Acto V
Escena I
Mirrina, Pardalisca, Cleóstrata.

MIRRINA   (*Salen las tres riendo.*) Después de tratarnos[204] tan bien y con tanta alegría, salgamos a la calle para presenciar los juegos nupciales[205]. Nunca en mi vida, ¡por Cástor!, me he reído tanto ni creo que me reiré en lo que me queda de ella.

PARDALISCA   Me intriga saber qué hará el «recién casado» Calino con su nuevo marido.

MIRRINA   Nunca ningún poeta imaginó un engaño más astuto que este que tan hábilmente hemos construido nosotras.

CLEÓSTRATA   Me gustaría que ahora saliera el viejo con la cara partida; ¡no existe un viejo más sinvergüenza que él[206]. [*laguna*] (*Aparte a* MIRRINA.) Salvo que pienses que es más sinvergüenza

---

[204] *Acceptae bene et conmode...* (v. 855): las tan bien y elegantemente tratadas...

[205] Normalmente canciones burlescas y/o obscenas mientras tendría lugar la «consumación» del matrimonio. Estamos, evidentemente, ante una nueva parodia.

[206] Hasta el final de la obra, el texto tiene numerosas lagunas. Intentaremos reconstruirlo para hacerlo comprensible.

aquel que le ha dejado la casa. [*laguna*] (*Aparte a* PARDALISCA.) Pardalisca, quiero que te quedes ahí y [*vigila a ver quién sale primero*] para reírte de él.

PARDALISCA   Lo haré con gusto; [*no es la primera vez*] y ya estoy acostumbrada.

CLEÓSTRATA   (*Se supone que se colocan en algún ángulo concreto.*) [*Venga, colocaros*] aquí para verlo todo; decidme qué hacen ahí dentro.

MIRRINA   (*Aparte a* PARDALISCA.) Ponte detrás de mí, por favor, [*que no me dejas ver*].

CLEÓSTRATA   (*Aparte a* PARDALISCA.) [*laguna*] Y desde ahí podrás decirle tranquilamente todo cuanto se te antoje.

MIRRINA   (*A* CLEÓSTRATA.) ¡Calla, que suena mi puerta!

(*Se esconden en alguna esquina del escenario.*)

Escena II
Olimpio, Mirrina, Cleóstrata, Pardalisca.

OLIMPIO   (*Sale con evidentes signos de haber sido vapuleado; se coloca en medio de la escena «sin ver»
a las mujeres. Directamente al público, aunque
aparentando pensar en alto.*) No sé ni adónde escapar ni dónde esconderme ni de qué
modo ocultar este bochorno, tal es la vergüenza que hemos pasado mi amo y yo en
nuestra boda; ahora me avergüenzo y ahora
me horrorizo por el ridículo que hemos hecho ambos. (*Reaccionando orgulloso.*) ¡Pero
si seré imbécil! ¿A qué viene esto de achan-
tarme si yo jamás me he avergonzado de
nada[207]? (*Directamente al público.*) ¡Atended
mientras os cuento mis «*hazañas*»! Vale la
pena escucharlas. Son divertidas de oír y de
contar las tonterías que he cometido ahí dentro. Cuando me llevé dentro a esta nueva novia, la metí directamente en la alcoba, pero
aquello estaba oscuro como un pozo[208]; antes de que llegara el viejo, «¡acuéstate!» le
dije. Yo la acomodo [*en la cama*], la apoyo

---

[207] *Pudet quem prius non puditumst unquam* (v. 878): da vergüenza
a quien antes nunca se avergonzó.

[208] *Tenebrae ibi erant tamquam in puteo* (v. 883): allí había oscurida-
des como en un pozo.

en la almohada, la acaricio, le hablo con ternura para así poder [*consumar el matrimonio*] antes que el viejo; empecé tranquilamente puesto que [*laguna*] Miro sin cesar no fuera [*que llegase*] el viejo. Antes de empezar [*a practicar*] el sexo[209], le pido un beso a [*mi querida*] preciosidad [*pero*] me rechazó la mano y no me dejó que le diese un beso; yo me acerco un poco más, pues ya me apetecía echarme sobre Cásina, quiero arrebatarle este trabajo al viejo, cierro la puerta para que no entrase el viejo...

CLEÓSTRATA (*Aparte a* PARDALISCA.) ¡Anda, acércate a él!

PARDALISCA (*Aparte a* OLIMPIO.) ¡Hola! ¿Dónde está tu esposa[210]?

OLIMPIO (*Aparte al público.*) ¡Maldita sea!, ¡por Hércules! ¡Estas lo saben todo[211]!

PARDALISCA Te conviene que confieses todo por orden. ¿Qué pasó ahí dentro? ¿Cómo se comporta Cásina? ¿Es muy complaciente[212]?

---

[209] Stupri principio (v. 887): al comienzo del acto.

[210] *Ubi tua nova nuptast?* (v. 892).

[211] *Manufesta res [est istis mulieribus]:* la situación es manifiesta para estas mujeres.

[212] Es decir: ¿es buena haciendo el amor?

OLIMPIO	Me da vergüenza contarlo.
PARDALISCA	Cuéntalo por orden: desde el principio.
OLIMPIO	¡Es vergonzoso! ¡Por Hércules!
PARDALISCA	¡Venga, ánimo! Desde que os metisteis en la cama; sólo quiero desde ahí; cuenta: ¿qué sucedió?
OLIMPIO	¡Qué vergüenza!
PARDALISCA	Se cuidarán de hacerlo quienes lo oigan.
OLIMPIO	[*Laguna*] esto es grande...²¹³.
PARDALISCA	Pierdes [*el hilo del relato*]. ¿Por qué no continúas?
OLIMPIO	Cuando, por fin [*logro meter la mano*] por debajo...
PARDALISCA	¿Qué [*pasó*]?...
OLIMPIO	¡Ahhh!
PARDALISCA	¿Qué?...

---

²¹³ A pesar de las lagunas, podríamos interpretarlo por «muy gordo»; es decir, aludiría al miembro de Calino. No descartamos que las constantes lagunas de los versos que siguen se deban a su alto contenido obsceno.

OLIMPIO   ¡Ohhh!

PARDALISCA   ¿[Pero de qué se] trata?

OLIMPIO   ¡Oh! ¡Era enorme! Temí que tuviese [un hie-
                   rro]; comencé a buscarlo; mientras busco no
                   [fuera que] tuviera una espada, agarro la em-
                   puñadura…, pero, cuando lo pienso, no te-
                   nía una espada, pues hubiese estado fría…

PARDALISCA   ¡Sigue!

OLIMPIO   Me da vergüenza.

PARDALISCA   ¿Era una raíz?

OLIMPIO   ¡No era tal!

PARDALISCA   ¿Un pepino?

OLIMPIO   ¡No, ¡por Hércules!, no era ningún tipo de
                   hortalizas y, fuera lo que fuera, ciertamente
                   el granizo no lo había tocado²¹⁴. Fuera lo que
                   fuera, era muy grande.

PARDALISCA   ¿Qué sucedió, entonces? Cuéntalo hasta el
                   último detalle²¹⁵.

---

²¹⁴ Es decir; si era una hortaliza, no estaba mustia, sino vigorosa.

²¹⁵ Edissero; de e y dissero, esparcir; es decir: recréate contándolo todo.

OLIMPIO   Entonces le hablo: «Cásina», le dije, «por favor, mujercita²¹⁶ mía, por qué me desprecias a mí [*que soy*] tu marido? Me haces esto, ¡por Hércules!, sin merecerlo, [*a mí*] que tanto te he deseado». Pero ella no pronuncia una sola palabra y tapa con un velo eso que sois [*las mujeres*]²¹⁷. Cuando veo que aquella zona está prohibida, le ruego que me deje ir por otro camino²¹⁸. Intento, al darse la vuelta, [*agarrarla*] por los hombros [*laguna*]... murmura algo... [*laguna*]... Me levanto para [*¿echarme?*] sobre ella... y la [*¿agarro?*]....

PARDALISCA (*¿A las otras dos mujeres? ¿Al público? ¿Burlona?*.) ¡Qué bien cuenta!... [*laguna*].

OLIMPIO   [*Le doy*] un beso... [*laguna*]... Una barba con cerdas [*de jabalí*] me pincha los labios [*laguna*]; al instante, al ponerme de rodillas, me golpea el pecho con los pies, me caigo de cabeza de la cama, [*Cásina*] salta de la cama y me lanza un puñetazo a la boca. Entonces, huyendo en silencio de allí, salgo así vestido como ves; ¡ojalá que el viejo beba de la misma copa de la que yo he bebido!

---

²¹⁶ Al tratarse de un diminutivo, (uxorcula -v. 917- es la única vez que aparece en el texto) creemos más oportuno traducirlo por «mujercita» frente a «esposita».

²¹⁷ Es decir: «lo que tenéis las mujeres» o «eso por lo que os definís como mujeres».

²¹⁸ ¿Qué se dé la vuelta para sodomizarlo?

PARDALISCA   ¡Perfecto! ¿Pero dónde has dejado tu pequeña[219] capa?

OLIMPIO   La dejé ahí dentro.

PARDALISCA   ¿Y ahora qué? ¿Os hemos gastado una broma bien divertida?

OLIMPIO   ¡Merecidamente! *(Sale* LISÍDAMO *de casa de*
ALCÉSIMO*.)* ¡Pero crujió la puerta! ¿Acaso es
ella que ahora me persigue?

(Corren a esconderse en la zona donde está MI-
RRINA *y* CLEÓSTRATA*.)*

---

[219] Extraño que Pardalisca hable aquí de «capita» (palliolum); las veces en que se habla del ropaje de Olimpio (vv. 446, 723, 768) no
se habla de este tamaño de la ropa.

Escena III
Lisídamo, Calino.

LISÍDAMO   (*Sale dolorido y medio desnudo; se coloca en medio de la escena. Al público.*) Estoy ardiendo por culpa de una horrible vergüenza y no sé qué hacer en estas circunstancias ni cómo podré mirar cara a cara a mi esposa. ¡Estoy perdido! Se han descubierto todos mis planes. Se mire como se mire, soy un miserable. ¡Pobre de mí! [*laguna*] Tan a las claras estoy agarrado por la garganta... [*laguna*] ... Ni sé de qué forma disculparme ante mi esposa... [*laguna*]... soy un miserable desnudado... [*laguna*]... la boda clandestina... [*laguna*]... Pienso...[*laguna*]... Para mí es lo mejor...[*laguna*]... [*iré*] dentro a ver a mi esposa y le ofreceré mi espalda por la injuria. (*Quizá dirigiéndose directamente al público.*) ¿Pero hay aquí algún hombre que quiera hacer este encargo por mí[220]? No sé qué voy a hacer salvo que imite a los malos esclavos y huya de casa, pues, si vuelvo a ella, no hay salvación para mi espalda. ¿Pensáis que es

---

[220] Munus velit fungier pro me? (v. 951). Exactamente lo mismo sucede en Mostellaria. Tranión pide a los espectadores que se ofrezcan a ser crucificados por él (Most. vv. 348-361).

broma[221]? Contra mi voluntad, ¡por Hércules!, me han vapuleado, aunque bien merecido lo tengo. *(Amagando mutis justo por donde sale* CALINO.) Saldré directamente por aquí y huiré.

CALINO

(Deteniéndolo.) ¡Eh! ¡Para un poco, enamorado!

LISÍDAMO

(Aparte al público.) ¡Maldita sea! Alguien me llama[222]; me largaré como si no lo hubiera oído.

(Lo detiene CALINO.*)*

---

[221] ¿Nugas istic dicere licet? (v. 956): ¿[alguien] se atreve a decir que son bromas?

[222] *Revocor* (v. 961): lit: soy llamado.

Escena IV
Calino, Lisídamo, Cleóstrata, Mirrina, Olimpio.

CALINO   ¿Dónde estás tú que pretendes cultivar las costumbres marsellesas[223]? Ahora tú, si quieres acariciarme[224], es una excelente ocasión. Vuelve, si quieres, al dormitorio. Estás muerto, ¡por Hércules! (*Amenazándolo con el propio bastón de* LISÍDAMO.) ¡Venga, acércate ahora! Ahora intentaré ser contigo un juez justo sin necesidad de juicio.

LISÍDAMO   (*Al público.*) ¡Maldita sea! Este tipo desollará mis espaldas con el bastón. Tengo que ir por ese camino, pues por este voy al encuentro de un *rompecostillas*[225].

CLEÓSTRATA   ¡Salud, enamorado!

LISÍDAMO   (*Al público.*) ¡Vaya! ¡Pero si por este lado está mi esposa! Ahora sí que estoy entre la espada

---

[223] Los marselleses tenían fama de homosexuales.

[224] Dado el contenido obsceno de estas escenas, entendemos que a «*subigito*» (de *sub* y *ago*) hay que darle un significado más «etimológico»: «¿quieres sodomizarme»?

[225] Plauto gusta de inventar este tipo de nombres. Véase Mostellaria (v. 354 y sg.): *gastacadenas, sufretormentos, asaltatorres.*

y la pared[226] y no sé a dónde huir. (*Señalando a un lado y otro.*) Por aquí los lobos, por aquí los perros. El augurio lupino resuelve la situación con el bastón[227], ¡por Hércules! Creo que ahora lo mejor será cambiar aquel viejo proverbio[228]: me iré por aquí: tengo la esperanza de que el encuentro de un perro será un presagio menos siniestro[229].

(*Se va hacia el lado de* CLEÓSTRATA.)

MIRRINA   ¿Qué haces, bígamo?

CLEÓSTRATA   ¡Maridito mío! ¿De dónde vienes con estas pintas[230]? ¿Qué hiciste con el bastón o con la ropa que tenías?

MIRRINA   La perdió, según creo, en el adulterio, mientras sodomizaba[231] a Cásina.

LISÍDAMO   (*Aparte.*) ¡Soy hombre muerto!

---

[226] Sic para Blánquez. Una traducción literal podría ser «entre el sacerdote y la piedra», a punto de ser sacrificado (inter saxum sacrumque, v. 970).

[227] Es decir: a la izquierda está Calino.

[228] Para Román Bravo, se trata de un viejo proverbio según el cual quien está asediado por perros o por lobos no tiene salvación.

[229] Sic. Para Blánquez. Lit: espero que sea mejor el augurio canino.

[230] Hoc ornatu (v. 974): con esta indumentaria.

[231] Moechisso (v. 976) es, simplemente, «cometer adulterio»; dadas las circunstancias, nos inclinamos por esta traducción.

CALINO	¿Vamos a la cama? ¡Yo soy Cásina!
LISÍDAMO	¡Vete a que te crucifiquen!
CALINO	(Sarcástico.) ¿Ya no me amas?
CLEÓSTRATA	A ver, responde ¿qué ha pasado con tu capa?
LISÍDAMO	(Titubeando.) Las Bacantes, ¡por Hércules!, esposa...
CLEÓSTRATA	(Cortando brusca.) ¿Las Bacantes?
LISÍDAMO	(Titubeando.) Las Bacantes, ¡por Hércules!, esposa...
MIRRINA	(Cortando.) Sabe que está mintiendo; ahora, ¡por Cástor!, ya no existen las fiestas Bacantes[232].
LISÍDAMO	Lo había olvidado; sin embargo, Las Bacantes...
CLEÓSTRATA	(Cortando.) ¿¡Cómo que Las Bacantes!?
LISÍDAMO	Pues si esto no puede ser[233]...

---

[232] Es te verso (v. 980) es el que toman los estudiosos como referencia para fechar la obra: 185 a. C. como término post quem. En efecto, está documentado el decreto senatorial Senatus Consultum de Bacchanalibus del 186 a. C.

[233] Lo interpretamos en el sentido de: «pues si esta excusa no me vale»....

CLEÓSTRATA Estás temblando, ¡por Cástor!

LISÍDAMO ¿Yo? ¡Mientes!, ¡por Hércules!

CLEÓSTRATA Estás pálido.

(Sigue una larga laguna de, al menos, siete versos.)

OLIMPIO *(Todo ha sido por su culpa.)* Y, además, ¡pobre de mí!, me ha hecho famoso, por culpa de sus escándalos.

LISÍDAMO ¿Por qué no te callas?

OLIMPIO ¡No! ¡Por Hércules! No me callo, pues tú me pediste con gran insistencia que me casase con Cásina para satisfacer tu pasión[234].

LISÍDAMO ¿Yo hice esto?

OLIMPIO ¡No! ¡Héctor el troyano!

LISÍDAMO *(En aparte para sí mismo.)* ¡Entonces te habría aplastado![235] *(A todos.)* ¿Hice yo estas cosas que estáis diciendo?

CLEÓSTRATA *(Amenazando.)* ¿Acaso lo preguntas?

[234] Casinam ut poscerem uxorem mihi tui amoris causa (v. 990): que solicitase a Cásina como esposa para mí por causa de tu amor.

[235] Lo entendemos en el sentido de: «pues si llego a ser Héctor, te hubiera machacado».

LISÍDAMO   Si es que lo hice, ¡por Hércules!, lo hice sin darme cuenta.

CLEÓSTRATA   Pues entra ahora mismo en casa: te lo recordaré si es que lo has olvidado.

LISÍDAMO   Creo, ¡por Hércules!, que es mejor que crea lo que decís vosotras. Pero, esposa, perdóname[236]. Mirrina, intercede [*por mí*] ante Cleóstrata. (*Directamente a* CLEÓSTRATA.) Si alguna vez, después de esto, o me enamoro de Cásina o sólo lo intento, pero no la amo, si alguna vez después de esto cometo algo parecido, no habrá razón para que, después de colgarme, no me azotes con látigos, esposa mía.

MIRRINA   (*A* CLEÓSTRATA.) Creo, ¡por Cástor!, que hay que perdonarlo, Cleóstrata.

CLEÓSTRATA   (*A* MIRRINA.) Haré como mandas. (*A* LISÍDAMO.) Te concedo el perdón sin mucho pesar por esta razón: para que no alarguemos más esta comedia, ya de por sí larga.

LISÍDAMO   ¿No estás enfada?

CLEÓSTRATA   No lo suficiente.

LISÍDAMO   ¿Tengo tu palabra?

---

[236] Da viro hanc veniam (v. 1000): concede al marido este perdón.

CLEÓSTRATA   La tienes.

LISÍDAMO   (*Exultante.*) ¡No hay nadie que tenga una esposa más guapa que la mía![237]

CLEÓSTRATA   (*A* CALINO.) ¡Anda! Devuélvele el bastón y la capa.

CALINO   ¡Toma, coge si lo quieres! (*Aparte a los espectadores.*) A mí sí que, ¡por Pólux!, a todas luces se me ha hecho una gran injuria: me he casado con dos, pero ninguno hizo lo que suele hacer una recién casada. Espectadores: ya os contaremos lo que sucederá ahí dentro: se descubrirá que esta Cásina es hija del vecino de aquí al lado[238] y que se casará con Eutínico, el hijo de nuestro amo. Ahora es justo que vosotros nos deis el merecido aplauso con vuestras manos[239]. Quien lo haga tendrá siempre, a espaldas de su esposa, la amante que le apetezca; pero quien no aplauda con todas sus fuerzas, en lugar de amante, se le proporcionará un macho cabrío untado de agua nauseabunda.

Fin.

---

[237] Lit: más guapa que esta que tengo yo.

[238] A diferencia de Menaechmi, donde Plauto dedica una larga escena (vv. 1060-1160) a la anagnórisis o reconocimiento, aquí simplemente se menciona sin siquiera aparecer en escena.

[239] Mucho más claro en latín: *manibus meritis meritan mercedem* (v. 1015).